y otros ensayos
sobre cristianismo

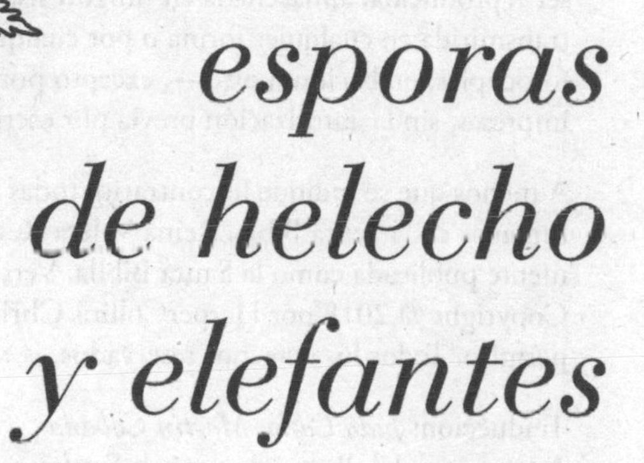

esporas de helecho y elefantes

C. S. Lewis

GRUPO NELSON
Desde 1798

Publicado en Nashville, Tennessee, Estados Unidos de América.
Grupo Nelson es una marca registrada de Thomas Nelson.
Thomas Nelson es una marca registrada de HarperCollins Christian Publishing, Inc.
www.gruponelson.com

Este título también está disponible en formato electrónico.

Título en inglés: *Fern-Seed and Elephants*

Publicado por William Collins Sons & Co. Ltd., Glasgow

Traducción: *Juan Carlos Martín Cobano*
Adaptación del diseño al español: *Setelee*

ISBN: 978-1-40160-736-4
eBook: 978-1-40160-737-1

Número de control de la Biblioteca del Congreso: 2023934335

CONTENIDO

PREFACIO

El profesor Tolkien bromeó una vez conmigo diciendo que C. S. Lewis era el único de sus amigos que había publicado más libros después de su muerte que en vida. En ese momento tenía en sus manos el séptimo volumen de los escritos de Lewis que yo había editado. Lo que entonces podría parecer un exceso de celo por mi parte para publicar esos escritos probablemente no se vea así cuando el lector sepa los cientos de cartas que pasan regularmente por mi mesa pidiendo «otro libro de Lewis» y que las ventas de sus obras se han más que triplicado desde su muerte en 1963.

Estamos viendo un despertar entusiasta del interés por Lewis.[1] No solo aumentan constantemente las ventas de sus libros en todas partes, sino que hay clubes dedicados al estudio de su obra, y casi todas las semanas oigo hablar de alguna universidad estadounidense que, movida por la demanda popular, ha añadido a su programa un curso sobre el pensamiento de Lewis. Pero «despertar» tal vez no sea la palabra adecuada porque, aunque hubo un cambio momentáneo de interés en la década de 1960, cuando nos vimos inundados por las novedades teológicas de los liberales, los libros de Lewis nunca dejaron de ser populares. Creo que el reciente repunte del interés por Lewis puede atribuirse en parte a un sólido, creciente e imparable interés por el cristianismo en sí. Pero solo en parte. El valor genuino y perdurable de Lewis —el que sigue enamorando a un número cada

1. Este prefacio de Walter Hooper corresponde a la edición en inglés de 1975. [*N. del t.*].

vez mayor de lectores— reside en su capacidad no solo de combatir, sino de limpiar, de proporcionar a la mente una visión auténtica de la fe que depure y reemplace el error, la incertidumbre y, sobre todo, la presunción de aquellos que, como dice Lewis en su libro, «afirman que ven las esporas de helecho y no pueden ver un elefante a diez metros a plena luz del día».

Todos estos ensayos, excepto uno, han sido publicados con anterioridad, pero como llevan algún tiempo descatalogados, y como dos de ellos (5 y 7) nunca habían aparecido en este país, serán nuevos para la mayoría de los lectores. (1) «Membresía» se leyó en la Society of St. Alban and St. Sergius, Oxford, y se publicó en *Sobornost*, n. 31 (junio de 1945) y posteriormente en *Transposition and Other Adresses* (1949). (2) «Aprender en tiempos de guerra» se predicó en la iglesia de St. Mary the Virgin, Oxford, el 22 de octubre de 1939, y se publicó en *Transposition and Other Adresses*. (3) El manuscrito de «Sobre el perdón» salió a la luz durante la preparación de este libro. El ensayo fue escrito para, y publicado en, *The Month*, IV (octubre 1950) y se reimprimió en *Christian Reflections* (1967). (5) «La última noche del mundo» (Nueva York, 1960) se publicó primero con el título «Christian Hope: Its Meaning for Today» en *Religion in Life*, XXI (invierno 1951-52), y después con su nuevo título en *The Word's Last Night and Other Essays* (Nueva York, 1960). (6) «Religión e ingeniería espacial» fue publicado como «Will We Lose God in Outer Space?» en *Christian Herald*, LXXXI (abril de 1958), como folleto con el mismo título por la SPCK en 1959 y posteriormente bajo el título que le dio Lewis «Religión e ingeniería espacial» en *The Word's Last Night*. (7) «La eficacia de la oración» apareció primero en *The Atlantic Monthly*, CCIII (enero de 1959) y después en *The Wold's Last Night*. (8) «Semillas de helecho y elefantes» fue leído a los estudiantes de Wescott House, una facultad de teología de Cambridge, el 11 mayo de 1959, y se publicó bajo el título «Modern Theology and Biblical Criticism» en *Christian Reflections*. Austin Farrer me dijo que le parecía lo mejor que Lewis había escrito nunca y ha seguido despertando la admiración atónita de los cristianos de todo el mundo, que lo consideran —si es que puede haber tal cosa— la «última palabra» ante los desmitologizadores. Mi amiga, la señora Collins, me instó a buscar un título llamativo para esta colección, y como nunca había estado especialmente contento con el título original, busqué y descubrí entre sus páginas uno que creo que el propio Lewis podría haber elegido.

WALTER HOOPER
Oxford

MEMBRESÍA

NINGÚN CRISTIANO —y, de hecho, ningún historiador— podría aceptar el epigrama que define la religión como «lo que un hombre hace con su soledad». Fue uno de los hermanos Wesley, creo, quien dijo que en el Nuevo Testamento no se encuentra nada sobre religión solitaria. Se nos prohíbe desatender el reunirnos. El cristianismo ya era institucional en los más tempranos de sus documentos. La iglesia es la esposa de Cristo. Somos miembros los unos de los otros.

En nuestra era, la idea de que la religión pertenece a nuestra vida privada —que es, de hecho, una ocupación para las horas de ocio del individuo— es al mismo tiempo paradójica, peligrosa y natural. Es paradójica porque esta exaltación de lo individual en el campo religioso se alza en una era en la que el colectivismo está derrotando implacablemente a lo individual en cualquier otro campo. Lo veo incluso en la universidad. Cuando llegué a Oxford, la asociación de estudiantes típica consistía en una docena de hombres, que se conocían en profundidad, que escuchaban la exposición de uno de los suyos en una pequeña sala y debatían arduamente su problema hasta la una o las dos de la mañana. Antes de la guerra, la asociación de estudiantes típica había llegado a ser una audiencia mixta de cien o doscientos alumnos reunidos en un auditorio para escuchar una ponencia de alguna celebridad visitante. Incluso en las escasas ocasiones en las que un estudiante moderno no está asistiendo a algo parecido a una asociación, rara vez se ocupa en aquellos paseos solitarios, o paseos con un simple compañero, que han elevado las mentes de las generaciones previas. Él vive en una multitud; la camaradería ha reemplazado a la amistad. Y esta tendencia no existe únicamente dentro y fuera de la universidad, aunque a menudo se aprueba. Existe una multitud de entrometidos, de autoproclamados maestros de ceremonias, cuya vida está dedicada a destruir la soledad allá donde todavía subsista. Lo llaman «sacar a los jóvenes de su ensimismamiento», o «despertarlos», o «superar su apatía». Si un Agustín, un Vaughan, un Traherne o un Wordsworth hubieran nacido en el mundo moderno, los líderes de una organización juvenil los habrían curado pronto. Si existiera hoy un hogar realmente bueno, como el de Alcínoo y Arete en la *Odisea*, o el de los Rostov en *Guerra y paz*, o el de cualquiera de las familias de Charlotte M. Yonge, lo tildarían de *aburguesado* y se levantaría en su contra toda la maquinaria de la destrucción. E incluso cuando los planificadores fracasan y se deja a alguien físicamente solo, la radio se ocupa de que nunca —en un sentido no previsto por Escipión— esté menos solo que cuando está solo. Vivimos, de hecho, en un mundo privado de soledad, de silencio y privacidad, y por lo tanto privado de meditación y de verdadera amistad.

Que la religión deba ser relegada a la soledad en estos tiempos es, pues, paradójico. Pero también es peligroso, por dos razones. En primer lugar, cuando el mundo moderno nos dice en voz alta: «Debes ser religioso cuando estás solo», añade por lo bajo «... y yo procuraré que nunca estés solo». Hacer del cristianismo un asunto privado a la vez que se desvanece toda la privacidad es relegarlo al final del arcoíris o a las calendas griegas. Esa es una de las estratagemas del enemigo. En segundo lugar, está el peligro de que los cristianos reales que sepan que el cristianismo no es un asunto solitario reaccionen contra este error transportando simplemente a nuestra vida espiritual, el mismo colectivismo que ya hemos conquistado en nuestra vida secular. Esa es la otra estratagema del enemigo. Como un buen jugador de ajedrez, siempre intenta manipularte hacia una posición donde solo puedas salvar tu torre perdiendo tu alfil. Con la intención de evitar la trampa, debemos insistir en que, aunque la concepción privada del cristianismo es un error, es algo profundamente natural e intenta, aunque torpemente, proteger una gran verdad. Detrás de él se encuentra el sentimiento obvio de que nuestro colectivismo moderno es una atrocidad para la naturaleza humana y de que, frente a esto, al igual que para todos los demás males, Dios será nuestro escudo y fortaleza.

Este sentimiento es justo. Igual que la vida privada y personal está por debajo de la participación en el cuerpo de Cristo, así la vida colectiva está por debajo de la vida privada y personal y no tiene ningún valor, salvo en su servicio. La comunidad secular, puesto que existe para nuestro bien natural y no para el sobrenatural, no tiene mayor fin que el de facilitar y salvaguardar la familia, las amistades y la soledad. Ser feliz en casa, dijo Johnson, es el fin de toda empresa humana. Mientras pensemos únicamente en los valores naturales debemos decir que no hay nada bajo el sol la mitad de bueno que un hogar que ríe junto en la sobremesa, o dos amigos hablando junto a una pinta de cerveza, o un hombre solo leyendo un libro que le interese; y que toda la economía, la política, las leyes, los ejércitos y las instituciones, salvo en la medida en que prolonguen y multipliquen tales escenas, no son más que arar en el desierto y sembrar en el mar, vanidad sin sentido y afrenta para el espíritu. Las actividades colectivas son necesarias, por supuesto, pero ese es el fin para el que son necesarias. Los grandes sacrificios de esta felicidad privada de parte de aquellos que la tienen deben ser necesarios con el fin de que pueda distribuirse más ampliamente. Todos deben estar un poco hambrientos para que nadie quede privado de comida. Pero no confundamos los males necesarios con bienes. El error se comete fácilmente. La fruta debe enlatarse si hay que transportarla y debe perder, por lo tanto, algunas de sus buenas cualidades. Pero uno conoce a personas que han aprendido a preferir en realidad la fruta enlatada a la fresca. Una sociedad enferma debe pensar mucho en política, igual que un hombre enfermo debe pensar mucho en su digestión; ignorar el tema puede ser una cobardía fatal tanto para el uno como para el otro. Pero si alguno llega a considerarlo como el alimento natural de la mente —si llega a olvidarse de que pensamos en tales cosas solo para ser capaces de pensar en otras—, entonces lo que se asumió por el bien de la salud se ha convertido en sí en una nueva enfermedad mortal.

Existe, de hecho, en todas las actividades humanas una tendencia fatal de que los medios usurpen los mismos fines que tenían la intención de servir. Así, el dinero obstaculiza el intercambio de artículos, y las reglas del arte entorpecen a los genios, y los exámenes evitan que los jóvenes se conviertan en eruditos. Por desgracia, no siempre es justificable que se pueda prescindir de los medios usurpadores. Creo que es probable que el colectivismo de nuestra vida sea necesario y vaya a aumentar, y creo que nuestra única salvaguarda contra sus mortales propiedades esté en la vida cristiana, porque se nos prometió que podríamos tomar en las manos serpientes y beber cosas mortíferas y aun así viviríamos. Esa es la verdad detrás de la errónea definición de religión con la que comenzamos. Donde se desvió fue al oponer a la masa colectiva la simple soledad. El cristiano no es llamado al individualismo, sino a la membresía del cuerpo místico. Una consideración de las diferencias entre el colectivo secular y el cuerpo místico de Cristo es, por tanto, el primer paso para comprender cómo el cristianismo, sin ser individualista, puede aun así contrarrestar el colectivismo.

Ya para empezar tenemos el problema del lenguaje. La misma palabra «membresía» es de origen cristiano, pero ha sido asumida por el mundo y vaciada de todo significado. En cualquier libro sobre lógica puedes ver la expresión «miembros de una clase». Es preciso señalar enfáticamente que los elementos que se incluyen en una clase homogénea son prácticamente lo opuesto a lo que san Pablo quería decir con «miembros». El término griego traducido como «miembros» se refería a lo que deberíamos llamar «órganos», cosas esencialmente diferentes, y complementarias, unas de otras, cosas que difieren no solo en estructura y función, sino también en dignidad. Así, en un club, al comité en su conjunto y a los sirvientes en su conjunto se les puede considerar adecuadamente como «miembros»; lo que llamaríamos miembros del club son simplemente unidades. Una fila de soldados idénticamente vestidos y entrenados dispuestos hombro con hombro, o un número de ciudadanos que figuren como votantes en una circunscripción no son miembros de nada en el sentido paulino. Me temo que, cuando describimos a un hombre como «miembro de la iglesia», normalmente no nos referimos a nada paulino; nos referimos solo a que es una unidad: que es un espécimen más dentro de una determinada clase de cosas como X, Y y Z. Para entender cómo la verdadera membresía en un cuerpo se diferencia de la inclusión en un colectivo se puede considerar la estructura de una familia. El abuelo, los padres, el hijo mayor de edad, el niño, el perro y el gato son miembros auténticos (en el sentido orgánico), precisamente porque no son miembros o unidades de una clase homogénea. No son intercambiables. Cada persona es prácticamente una especie en sí misma. La madre no es simplemente una persona diferente de la hija; es una clase de persona diferente. El hermano mayor no es simplemente una unidad en la clase «niños»; es un estamento separado de la realidad. El padre y el abuelo son casi tan diferentes como el gato y el perro. Si sustraen a cualquier miembro, no habrán reducido la familia en número y ya está; habrán infligido un daño a su estructura. Su unidad es una unidad de diferentes, casi de inconmensurables.

Una percepción borrosa de la riqueza inherente en esta clase de unidad es una de las razones de por qué disfrutamos con un libro como *El viento en los sauces*; un trío como Ratito, Topo y Tejón simboliza la diferenciación extrema de personas en armoniosa unión, algo que sabemos intuitivamente que es nuestro verdadero refugio tanto de la soledad como del colectivo. El afecto entre esas parejas tan extrañamente combinadas como Dick Swiveller y la Marquesa, o el señor Pickwick y Sam Weller, complace del mismo modo. Por eso la noción moderna de que los niños deberían llamar a sus padres por sus nombres de pila es tan perversa, porque es un intento de ignorar la diferencia en cuanto a clase que hace real la unidad orgánica. Están intentando inocular en el niño la ridícula visión de que la madre solo es una conciudadana como cualquier otra, para hacerlo ignorante de lo que todo hombre sabe e insensible a lo que todo hombre siente. Están intentando arrastrar las repeticiones anodinas del colectivo al más extenso y concreto mundo de la familia.

Un convicto tiene un número en vez de un nombre. Esa es la idea del colectivo llevada a su extremo. Pero un hombre en su propia casa también pierde su nombre porque se le llama simplemente «padre». Esa es la membresía en un cuerpo. La pérdida del nombre en ambos casos nos recuerda que hay dos modos opuestos de apartarse del aislamiento.

La sociedad a la que es llamado el cristiano en su bautismo no es un colectivo, sino un cuerpo. De hecho, es ese cuerpo que tiene a la familia como imagen en el nivel natural. Si cualquiera llegara a él con la idea errónea de que la membresía de la iglesia era membresía en un degradado sentido moderno —una masa de personas juntas, como si fueran peniques o fichas— sería corregido en el umbral por el descubrimiento de que la cabeza de este cuerpo es muy diferente a los miembros inferiores, que no comparten predicado con él salvo por analogía. Se nos convoca desde el principio a unirnos como criaturas con nuestro Creador, como mortales con lo inmortal, como pecadores redimidos con el Redentor sin pecado. Su presencia, la interacción entre él y nosotros, siempre debe ser el factor dominante y principal en la vida que debemos llevar dentro del cuerpo; y queda desestimado cualquier concepto de comunión cristiana que no signifique en primer lugar comunión con él. Después de eso parece casi trivial enunciar la diversidad de operaciones que se verifican en la unidad del Espíritu. Pero es muy evidente. Hay sacerdotes separados de los seglares, catecúmenos separados de aquellos que están en plena comunión. Está la autoridad de los maridos sobre las esposas y la de los padres sobre los niños. Hay, en formas demasiado sutiles para recibir carácter oficial, un intercambio continuo de ministerios complementarios. Estamos aprendiendo y enseñando constantemente, perdonando y siendo perdonados, representando a Cristo ante los hombres cuando intercedemos, y a los hombres ante Cristo cuando otros interceden por nosotros. El sacrificio de la privacidad egoísta que se nos demanda a diario se recompensa cien veces en el crecimiento verdadero de la personalidad que la vida del cuerpo alienta. Aquellos que son miembros los unos de los otros se vuelven tan diversos como la mano y la oreja. Por eso los mundanos son tan monótonos comparados con la casi fantástica variedad de los santos. La obediencia es el camino a la libertad; la humildad, el camino al placer; la unidad, el camino a la personalidad.

Y ahora debo decir algo que puede parecerles una paradoja. A menudo han escuchado que, aunque en el mundo tenemos diferentes roles, todos somos iguales ante los ojos de Dios. Por supuesto, hay sentidos en los cuales esto es verdad. Dios no hace acepción de personas; su amor por nosotros no se mide por nuestro estatus social o nuestros talentos intelectuales. Pero creo que hay un sentido en el cual esta máxima es opuesta a la verdad. Voy a atreverme a decir que la igualdad artificial es necesaria en la vida del Estado, pero que en la iglesia nos arrancamos este disfraz, recuperamos nuestras desigualdades reales y salimos así reanimados y vivificados.

Creo en la igualdad política. Pero hay dos razones opuestas para ser un demócrata. Pueden pensar que todos los hombres son tan buenos que se merecen su parte en el gobierno de la Commonwealth, y tan sabios que la Commonwealth necesita sus consejos. Esa, en mi opinión, es la falsa doctrina romántica de la democracia. Por otro lado, puede ser que crean que los hombres caídos son tan malvados que no se le puede confiar a ninguno de ellos un poder desmesurado sobre sus semejantes.

Creo que ese es el verdadero terreno de la democracia. No creo que Dios crease un mundo igualitario. Creo que la autoridad del padre sobre el hijo, la del marido sobre la esposa, la de los eruditos sobre los simples, ha sido una parte tan importante del plan original como la autoridad del hombre sobre las bestias. Creo que, si no hubiéramos caído, Filmer habría tenido razón y la monarquía patriarcal sería el único gobierno legítimo. Pero, puesto que hemos aprendido a pecar, hemos descubierto, como dice *lord* Acton, que «todo poder corrompe, y el poder absoluto corrompe absolutamente». El único remedio ha sido sustituir los poderes por una ficción de igualdad legal. La autoridad del padre y del marido ha sido abolida con razón en el plano legal, no porque esta autoridad sea mala en sí misma (al contrario, sostengo, es divina en origen), sino porque los padres y los maridos son malos. La teocracia ha sido abolida con razón no porque sea malo que los sacerdotes doctos gobiernen a los legos ignorantes, sino porque los sacerdotes son hombres malvados como el resto de nosotros. Incluso la autoridad del hombre sobre las bestias ha tenido que ser refrenada debido a los abusos constantes.

Para mí, la igualdad está en la misma condición que la ropa. Es un resultado de la caída y el remedio para ella. Cualquier intento de desandar el camino por el cual hemos llegado al igualitarismo y reintroducir las antiguas autoridades a nivel político me resulta una tontería y sería como quitarnos la ropa. Los nazis y los nudistas cometen el mismo error. Pero es el cuerpo desnudo, aún debajo de las ropas de cada uno de nosotros, el que realmente vive. Es el mundo jerárquico, todavía vivo y (muy adecuadamente) escondido detrás de una fachada de ciudadanía igualitaria, el que realmente nos preocupa.

No me malinterpreten. No estoy menospreciando en absoluto el valor de esta ficción igualitaria que es nuestra única defensa contra la crueldad del otro. Vería con la mayor desaprobación cualquier propuesta de abolir el sufragio universal o las leyes que protegen los derechos de la mujer. Pero la función de la igualdad es puramente protectora. Es medicina, no alimento. Al tratar a las personas (en un juicioso desafío de los hechos observados) como si todas fueran la misma clase de cosa evitamos innumerables males. Pero no fuimos hechos para vivir sobre esa base. Es ridículo decir que los hombres tienen el mismo valor. Si el valor se toma en un sentido mundano —si queremos decir que todos los hombres son igual de útiles, o hermosos, o buenos, o entretenidos—, es una tontería. Si significa que todos los hombres tienen el mismo valor como almas inmortales, creo que eso encubre un error peligroso. La idea del valor infinito de toda alma humana no es una doctrina cristiana. Dios no murió por el hombre debido a cierto valor que percibió en él. El valor de toda alma humana considerada por sí misma solamente, fuera de su relación con Dios, es cero. Como escribe san Pablo, morir por hombres valiosos no habría sido divino, sino meramente heroico; sin embargo, Dios murió por los pecadores. Nos amó no porque fuéramos dignos de ser amados, sino porque él es amor. Tal vez sea que él ama a todos igualmente —ciertamente amó a todos hasta la muerte— y no estoy seguro de lo que significa la expresión. Si existe igualdad, está en su amor, no en nosotros.

Igualdad es un término cuantitativo y, por lo tanto, a menudo el amor no sabe nada de ello. La autoridad ejercida con humildad y la obediencia aceptada con gusto son precisamente las líneas sobre las que viven nuestros espíritus. Incluso en la vida de los afectos, mucho más en el cuerpo de Cristo, nos apartamos de ese mundo que dice: «Soy tan bueno como tú». Es como pasar de una marcha a un baile. Es como quitarnos la ropa. Somos, como dice Chesterton, más elevados cuando nos encorvamos y más bajos cuando enseñamos. Me complace que haya momentos en los servicios de mi propia iglesia cuando el ministro se pone en pie y yo me arrodillo. Conforme la democracia se va volviendo más completa en el mundo exterior y se van eliminando las oportunidades de reverencia, más y más necesarios se vuelven el refrigerio, la purificación y el vigorizante regreso a la desigualdad ofrecidos por la iglesia.

De esta manera, pues, la vida cristiana defiende la personalidad individual frente al colectivo, no mediante su aislamiento, sino dándole el estatus de un órgano en el cuerpo místico. Como dice el libro de Apocalipsis, es hecho «columna en el santuario de mi Dios»; y añade: «y nunca más saldrá de allí». Eso introduce un nuevo ángulo en nuestro tema. Esta posición estructural en la iglesia que ocupan los cristianos más humildes es eterna e incluso cósmica. La iglesia sobrevivirá al universo; en ella, la persona individual sobrevivirá al universo. Todo lo que se una a la cabeza inmortal compartirá su inmortalidad. Escuchamos hablar poco de esto desde el púlpito cristiano hoy en día. Los resultados de este silencio se pueden ver en que, hablando recientemente de este tema a las fuerzas armadas, descubrí que alguien entre la audiencia consideraba esta doctrina como «teosófica». Si no la creemos, seamos sinceros y releguemos la fe cristiana a los museos. Si lo hacemos, abandonemos la pretensión de que no tiene importancia. Porque esta es la respuesta real a cada demanda excesiva realizada por el colectivo. Es mortal; nosotros viviremos para siempre. Llegará un momento en que toda cultura, toda institución, toda nación, la raza humana, toda vida biológica se extinga y cada uno de nosotros aún seguirá vivo. Se nos ha prometido la inmortalidad a nosotros, no a estas generalidades. No fue por las sociedades o por los estados por los que Cristo murió, sino por los hombres. En ese sentido, a los colectivistas seculares debe parecerles que el cristianismo implica una aseveración casi frenética de la individualidad. No obstante, no es el individuo como tal quien compartirá la victoria de Cristo sobre la muerte. Compartiremos la victoria estando en el Vencedor. Un rechazo o, en el duro lenguaje de las Escrituras, una crucifixión del yo natural es el pasaporte a la vida eterna. Nada que no haya muerto puede ser resucitado. Es así precisamente como el cristianismo rebasa la antítesis entre el individualismo y el colectivismo. Aquí subyace, según debe parecerles a los que están fuera de ella, la exasperante ambigüedad de nuestra fe. Enfrenta su rostro implacablemente a nuestro individualismo natural; por otro lado, restituye a los que abandonan el individualismo la posesión eterna de su propio ser, incluso de sus cuerpos. Como meras entidades biológicas, cada uno con su voluntad separada para vivir y expandirse, se ve que no tenemos importancia; somos una nulidad. Pero como órganos en el cuerpo de Cristo, como piedras y pilares en el templo, se nos asegura nuestra identidad eterna y viviremos hasta recordar las galaxias como una antigua historia.

Esto se puede explicar de otro modo. La personalidad es eterna e inviolable. Sin embargo, no es un dato desde el que comenzar. El individualismo con el que todos comenzamos solo es una parodia o una sombra de ello. La verdadera personalidad subyace debajo: cuán lejos está para la mayoría de nosotros, eso no me atrevo a decirlo. Y la clave para ello no está en nosotros mismos. No se consigue por el desarrollo desde el interior hacia afuera. Vendrá a nosotros cuando ocupemos los puestos de la estructura del cosmos eterno para los cuales fuimos diseñados o inventados.

Al igual que un color revela finalmente su verdadera calidad cuando es colocado por un excelente artista en su lugar preseleccionado entre otros tantos, al igual que una especia revela su verdadero sabor cuando se agrega entre los otros ingredientes justo donde y cuando desea un buen cocinero, al igual que un perro llega a ser realmente canino solo cuando ha ocupado su lugar en la casa del hombre, así nosotros seremos auténticas personas cuando hayamos sufrido por encajar en nuestros lugares. Somos mármol esperando tomar forma, metal esperando ser vertido en un molde. No hay duda de que ya existen, incluso en el ser sin regenerar, débiles indicios del molde para el cual ha sido diseñado cada uno, o la clase de pilar que seremos. Pero es, creo yo, una burda exageración imaginar la salvación de un alma como si fuera, normalmente, igual en todo al desarrollo de una semilla en una flor. Las mismas palabras *arrepentimiento, regeneración, el nuevo hombre* sugieren algo muy diferente. Algunas tendencias en todo hombre natural deben ser rechazadas, simplemente. Nuestro Señor habla de ojos arrancados y manos cortadas: un método de adaptación francamente procustiano.

La razón por la que retrocedemos ante esto es que en su día comenzamos captando todo el asunto del revés. Empezando con la doctrina de que toda la individualidad es «de infinito valor», imaginamos a continuación a Dios como una especie de agencia de empleo cuya tarea es encontrar carreras adecuadas para las almas, un calzado para cada pie. Pero, de hecho, el valor del individuo no reside en él. Él puede recibir valor. Lo recibe por la unión con Cristo. No se trata de encontrar un lugar para él en el templo viviente que haga justicia a su valor inherente y dé margen a su idiosincrasia natural. El lugar ya existía antes. El hombre fue creado para este. No será él mismo hasta que esté allí. Solo en el cielo seremos auténticos y eternos, y personas realmente divinas, del mismo modo que, incluso ahora, solo en la luz somos cuerpos con color.

Decir esto es repetir lo que todo el mundo ya admite aquí: que somos salvos por gracia, que en nuestra carne no reside ningún bien, que somos, hasta la médula, criaturas y no creadores, seres derivados, vivos no por nosotros mismos, sino por Cristo. Si parece que he complicado una cuestión sencilla, me perdonarán, espero. Me he esforzado por exponer dos puntos. He intentado desterrar ese culto anticristiano al individuo humano en sí que tanto prolifera en el pensamiento moderno junto con nuestro colectivismo, porque un error engendra el error opuesto y, lejos de neutralizarse, se agravan el uno al otro. Me refiero a la pestilente idea (fácil de encontrar en la crítica literaria) de que cada uno de nosotros comienza con un tesoro llamado «personalidad» encerrado en su interior, y que el fin principal de la vida es expandirlo y expresarlo, protegerlo de la intromisión, ser «original». Es un concepto pelagiano, o peor, y autodestructivo. Ningún hombre que valore la originalidad será jamás original. Pero intenten decir la verdad tal como la ven, intenten hacer el más mínimo trabajo tan bien como pueda hacerse por amor al trabajo, y lo que los hombres llaman originalidad vendrá sin buscarlo. Incluso a ese nivel, la entrega del individuo al trabajo ya está comenzando a producir una personalidad auténtica. Y, en segundo lugar, he intentado demostrar que al cristianismo, a la larga, no le preocupan ni los individuos ni las comunidades. Ni el individuo ni la comunidad —tal como el pensamiento popular los concibe— ni el ser natural ni la masa colectiva pueden heredar la vida eterna; solo una nueva criatura puede heredarla.

APRENDER EN TIEMPOS DE GUERRA

UNA UNIVERSIDAD ES una sociedad para la búsqueda del aprendizaje. Como estudiantes, de ustedes se espera que se conviertan, o comiencen a convertirse, en lo que en la Edad Media se llamaba clérigos: filósofos, científicos, investigadores, críticos o historiadores. Y a primera vista esto parece ser algo extraño durante una gran guerra. ¿Cuál es la utilidad de comenzar una tarea que tenemos tan pocas posibilidades de terminar? O, aunque resultase que no fuéramos interrumpidos por la muerte o el servicio militar, ¿por qué deberíamos —de hecho, cómo podríamos— continuar interesándonos por estas plácidas ocupaciones cuando las vidas de nuestros amigos y las libertades de Europa penden de un hilo? ¿Acaso no es como tocar la lira mientras arde Roma?

Ahora bien, me parece que no seremos capaces de responder a estas preguntas hasta que las hayamos planteado junto con otras que todo cristiano debería haberse planteado en tiempo de paz. Hablé hace un momento de tocar la lira mientras arde Roma. Pero para un cristiano la verdadera tragedia de Nerón no debería ser que él tocase mientras la ciudad estaba en llamas, sino que lo hiciese al borde del infierno. Deben perdonarme por tan tosca palabra. Sé que a muchos cristianos más sabios y mejores que yo en estos días no les gusta mencionar el cielo y el infierno ni siquiera desde un púlpito. Sé, también, que casi todas las referencias a este tema en el Nuevo Testamento vienen de una sola fuente. Pero, al fin y al cabo, esa fuente es el propio Señor nuestro. La gente les dirá que es san

Pablo, pero no es cierto. Estas doctrinas abrumadoras tienen que ver con el Señor. Está claro que no se pueden apartar de la enseñanza de Cristo o de su iglesia. Si no creemos en ellas, nuestra presencia en esta iglesia es una gran tontería. Si lo hacemos, a veces debemos superar nuestro pudor espiritual y mencionarlas.

En el instante en que lo hacemos podemos ver que todo cristiano que viene a una universidad debe, en todo momento, abordar una pregunta frente a la cual las cuestiones planteadas por la guerra carecen de relativa importancia. Debe preguntarse cómo puede ser correcto, o incluso cómo es psicológicamente posible, que criaturas que a cada momento avanzan o hacia el cielo o hacia el infierno pasen siquiera una fracción del breve tiempo que se les ha permitido en este mundo dedicados a tales trivialidades de valor relativo, como la literatura o el arte, las matemáticas o la biología. Si la cultura humana puede defenderse frente a eso, puede defenderse frente a cualquier cosa. Admitir que podemos conservar nuestro interés en aprender bajo la sombra de estas cuestiones eternas, pero no bajo la sombra de una guerra europea sería admitir que nuestros oídos están cerrados a la voz de la razón y muy abiertos a la voz de nuestros nervios y de nuestras emociones de masas.

Este es de hecho el caso de la mayoría de nosotros; sin duda alguna, el mío. Por esta razón creo que es importante intentar ver la calamidad presente bajo una perspectiva verdadera. La guerra no crea, en absoluto, ninguna situación nueva; simplemente agrava la situación permanente de los humanos de tal modo que ya no podemos ignorarla. La existencia humana siempre se ha vivido al borde del precipicio. La cultura humana siempre ha existido bajo la sombra de algo infinitamente más importante que ella misma. Si los hombres hubieran pospuesto la búsqueda del conocimiento y la belleza hasta que se hubieran sentido seguros, la pesquisa nunca habría comenzado. Nos equivocamos cuando comparamos la guerra con «la vida normal». La vida nunca ha sido normal. Incluso aquellos periodos que consideramos más tranquilos, como el siglo

XIX, resultaron estar, si se examinan con más detalle, llenos de crisis, alarmas, dificultades, emergencias. Nunca han faltado razones verosímiles para aplazar las actividades culturales hasta que se hubiera evitado algún peligro inminente o alguna auténtica injusticia se hubiera enmendado. Pero hace mucho tiempo que la humanidad eligió desatender esas razones verosímiles. Querían conocimiento y belleza ahora, y no esperarían por un momento apropiado que nunca llegaría. La Atenas de Pericles no solo nos dejó el Partenón, sino, de forma significativa, el *Discurso fúnebre*. Los insectos han elegido una línea diferente: han buscado primero el bienestar material y la seguridad de la colmena, y me imagino que tendrán su recompensa. Los hombres son diferentes. Ellos plantean teoremas matemáticos en ciudades asediadas, presentan argumentos metafísicos condenados en celdas, hacen bromas en los patíbulos, discuten los últimos poemas mientras avanzan sobre las murallas de Quebec, y se peinan el cabello en las Termópilas. No es cuestión de *donaire*; es nuestra naturaleza.

Pero, como somos criaturas caídas, el hecho de que esta sea ahora nuestra naturaleza no probaría por sí solo que sea racional o correcta. Tenemos que preguntar si realmente hay lugar legítimo para las actividades de los eruditos en un mundo como este. Es decir, siempre tenemos que responder la pregunta: «¿Cómo puedes ser tan frívolo y egoísta como para pensar en otra cosa que no sea la salvación de las almas humanas?»; y, en este momento, tenemos que responder a la pregunta adicional: «¿Cómo puedes ser tan frívolo y egoísta como para pensar en otra cosa que no sea la guerra?». Ahora bien, parte de nuestra respuesta será la misma para ambas preguntas. Una implica que nuestra vida puede, y debe, volverse exclusiva y explícitamente religiosa, la otra, que puede y debe volverse exclusivamente nacional. Yo creo que nuestra vida entera puede, y de hecho debe, volverse religiosa en un sentido que se explicará más adelante. Pero si esto significa que todas nuestras actividades deben ser de la clase que se puede reconocer como «sagradas» en oposición a «seculares», yo daría una simple respuesta a mis dos asaltantes imaginarios. Les diría: «Tanto si debe suceder como si no, esto que ustedes están recomendando no va a suceder». Antes de convertirme en cristiano no creo que fuese completamente consciente de que la vida de uno, después de la conversión, inevitablemente consiste en hacer en gran medida las mismas cosas que uno ha hecho antes, esperando que con un nuevo espíritu, pero siendo aún las mismas cosas. Antes de ir a la última guerra, sin duda esperaba que mi vida en las trincheras fuera, de algún modo misterioso, todo guerra. De hecho, descubrí que cuanto más te acercabas al frente menos hablaba todo el mundo y menos pensábamos en la causa aliada y el progreso de la campaña; y me complace saber que Tolstoi, en el mayor libro de guerra escrito jamás, registra las mismas cosas; y eso mismo, a su manera, hace *La Ilíada*. Ninguna conversión ni alistamiento en el ejército va a anular en realidad nuestra vida humana. Los cristianos y los soldados siguen siendo hombres; la idea que el infiel tiene de una vida religiosa y la idea que el civil tiene del servicio activo son descabelladas. Si intentaras, en cualquiera de los casos, suspender toda tu actividad intelectual y estética, solo conseguirías sustituir una vida cultural peor por una mejor. No vas a quedarte sin leer nada, de hecho, ni en la iglesia ni en el frente: si no lees buenos libros, leerás malos. Si no continúas pensando racionalmente, pensarás irracionalmente. Si rechazas las satisfacciones estéticas, caerás en las satisfacciones sensoriales.

Existe, pues, esta analogía entre las aseveraciones de nuestra religión y las de la guerra: ninguna de ellas, para la mayoría de nosotros, cancelará o apartará de la vista sin más la mera vida humana que llevábamos antes de entrar en ellas. Pero será así por diferentes razones. La guerra no conseguirá absorber toda nuestra atención porque es un objetivo finito y, por lo tanto, intrínsecamente inadecuado para soportar toda la atención de un alma humana. Para evitar malentendidos debo destacar aquí algunas distinciones. Creo que nuestra causa, como toda causa humana, es muy justa, y por lo tanto creo que es un deber participar en esta guerra. Y todo deber es un deber religioso, y nuestra obligación de realizar cada deber es, por lo tanto, absoluta. Así, puede que tengamos el deber de rescatar a un hombre que se ahoga y, tal vez, si vivimos en una costa peligrosa, debamos aprender socorrismo para estar preparados para cualquier naufragio cuando aparezca. Puede que sea nuestro deber perder nuestras vidas para salvarlo a él. Pero si alguien se consagrase al socorrismo en el sentido de prestar toda su atención —de tal modo que no pensase ni hablase de nada más y demandase el cese de todas las actividades humanas hasta que todo el mundo hubiera aprendido a nadar— sería un monomaníaco. El rescate de un náufrago es, pues, un deber por el que es digno morir, pero no es un deber digno de dedicarle toda una vida. Me parece que todos los deberes políticos (entre los cuales incluyo los militares) son de esta clase. Puede que un hombre tenga que morir por su país, pero ningún hombre debe, en ningún sentido exclusivo, vivir por su país. Aquel que se rinde sin reservas a las reivindicaciones temporales de una nación, o un partido, o una clase, está entregando al César lo que, fíjense, pertenece con más énfasis a Dios: uno mismo.

Es una razón muy diferente la que justifica que la religión no puede ocupar toda la vida, en el sentido de excluir todas nuestras actividades naturales. Porque, por supuesto, en cierto sentido debe ocupar la vida entera. No hay duda de que existe un acuerdo entre el llamado de Dios y el de la cultura, la política o cualquier otra cosa. El llamado de Dios es infinito e inexorable. Puedes rechazarlo o puedes comenzar a intentar reconocerlo. No hay término medio. Aun así, a pesar de esto, está claro que el cristianismo no excluye ninguna de las actividades humanas usuales. San Pablo les dice a los cristianos que continúen con sus trabajos. Incluso da por hecho que pueden asistir a veladas y, lo que es más, a veladas ofrecidas por paganos. Nuestro Señor asiste a una boda y proporciona vino milagroso. Bajo la tutela de su iglesia, y en la mayoría de épocas cristianas, el aprendizaje y las artes florecen. La solución a esta paradoja les resulta, por supuesto, bien conocida.

> «Así pues, ya sea que comáis, que bebáis, o que hagáis cualquier otra cosa, hacedlo todo para la gloria de Dios».

Todas nuestras actividades meramente naturales serán aceptadas si se ofrecen a Dios, incluso las más humildes; si no, todas ellas, incluso las más nobles, serán pecaminosas. El cristianismo no viene y reemplaza simplemente nuestra vida natural y la sustituye por una nueva; es más bien una nueva organización la que aprovecha, para sus propios fines sobrenaturales, estos materiales naturales. Sin duda, en una situación determinada, demanda el sometimiento de ciertas, o de todas, nuestras actividades meramente humanas; es mejor ser salvo con un ojo que, teniendo dos, ser confinado al Gehena. Pero lo hace, en cierto sentido, *per accidens*: porque, en estas circunstancias especiales, ha dejado de ser posible practicar tal o cual actividad para la gloria de Dios. No existe una disputa esencial entre la vida espiritual y las actividades humanas como tales. Por esto la omnipresencia de la obediencia a Dios en la vida cristiana es, en cierto modo, análoga a la omnipresencia de Dios en el espacio. Dios no llena el espacio como un cuerpo lo llenaría, en el sentido de que partes de él estarían en diferentes partes del espacio, excluyendo de ellas a otros objetos. Aun así, él está en todas partes —totalmente presente en cada punto del espacio— según los buenos teólogos.

Nosotros estamos ahora en la posición de responder a la visión de que la cultura humana es una frivolidad inexcusable por parte de criaturas como nosotros, cargadas con tan terribles responsabilidades. Rechazo de inmediato una idea que persiste en la mente de algunas gentes modernas, que las actividades culturales tienen su merecido derecho espiritual: como si los eruditos y los poetas complacieran intrínsecamente a Dios más que los pordioseros y los limpiabotas. Creo que fue Matthew Arnold quien usó en primer lugar la palabra *espiritual* en el sentido de la alemana *geistlich*, y de este modo inauguró este peligrosísimo y anticristiano error. Apartémoslo para siempre de nuestras mentes. El trabajo de Beethoven y el trabajo de una asistenta se vuelven espirituales bajo las mismas precisas condiciones, que son las de ser ofrecidos a Dios, de haber sido hechos humildemente «como para el Señor». Esto no significa, por supuesto, que alguien deba echar a suertes si debe limpiar habitaciones o componer sinfonías. Un topo debe excavar para la gloria de Dios y un gallo debe cacarear. Somos miembros de un cuerpo, pero miembros diferenciados, cada uno con su propia vocación. La educación de un hombre, sus talentos, sus circunstancias, normalmente son un aceptable indicador de su vocación. Si nuestros padres nos han enviado a Oxford, si nuestro país nos permite permanecer aquí, es evidencia *prima facie* de que la vida que en cualquier caso puede conducirnos hacia la gloria de Dios en el presente es la vida ilustrada. Con dirigir esa vida hacia la gloria de Dios no me refiero, por supuesto, a cualquier intento de hacer que nuestras indagaciones intelectuales se ejerciten para alcanzar conclusiones. Eso sería, como dice Bacon, ofrecerle al autor de la verdad el impuro sacrificio de una mentira. Me refiero a la búsqueda del conocimiento y la belleza, en cierto sentido, por sí mismos, pero de un modo que no excluya hacerlo en honor de Dios. Existe en la mente humana apetito por estas cosas, y Dios no crea el apetito en vano. Por lo tanto, podemos perseguir el conocimiento en sí, y la belleza en sí, con la segura confianza de que, al hacerlo, o avanzamos nosotros mismos hacia la visión de Dios o indirectamente ayudamos a otros a hacerlo. La humildad, no menos que el apetito, nos anima a concentrarnos simplemente en el conocimiento o la belleza, sin preocuparnos demasiado de su relevancia final en la visión de Dios. Puede que esa relevancia no esté destinada para nosotros, sino para otros mejores: para hombres que vengan después y encuentren importancia espiritual en lo que nosotros desenterramos a ciegas y con humilde obediencia a nuestra vocación. Este es el argumento teológico de que la existencia del impulso y la facultad prueban que deben tener una función adecuada en el esquema de Dios: el argumento mediante el cual Tomás de Aquino probó que la sexualidad debería haber existido incluso sin la Caída. La firmeza del argumento, en lo que respecta a la cultura, se prueba por la experiencia. La vida intelectual no es el único camino a Dios, ni el más seguro, pero descubrimos que es un camino, y quizá sea el camino destinado para nosotros. Por supuesto, esto será así solo mientras mantengamos el impulso puro y desinteresado. Ahí está la gran dificultad. Como dice el autor de *Theologia Germanica*, podemos llegar a amar el conocimiento —*nuestro* conocimiento— más que aquello que conocemos: deleitarnos no en el ejercicio de nuestros talentos, sino en el hecho de que son nuestros, o incluso en la reputación que nos otorgan. Todo éxito en la vida de un erudito incrementa este peligro. Si se vuelve irresistible, debe abandonar su trabajo académico. Ha llegado el momento de arrancarse el ojo derecho.

Esta es la naturaleza esencial de la vida ilustrada tal y como yo la veo. Pero tiene valores indirectos que son especialmente importantes hoy. Si el mundo entero fuera cristiano, no importaría que fuera iletrado. Pero, tal y como están las cosas, la vida cultural existirá fuera de la iglesia, independientemente de si dentro existe o no. Ser ignorante y simple ahora —no ser capaz de hacer frente a los enemigos en su propio terreno— sería arrojar nuestras armas y traicionar a nuestros compañeros iletrados que no tienen, ante Dios, otra defensa salvo nosotros contra los ataques intelectuales de los paganos. La buena filosofía debe existir, aunque no fuera más que porque la mala filosofía necesita ser respondida. El frío intelecto debe trabajar no solo contra el frío intelecto del otro lado, sino contra los confusos misticismos de los paganos que niegan el intelecto por completo. Pero, posiblemente, lo que necesitamos por encima de todo es conocimiento íntimo del pasado. No porque el pasado tenga en sí alguna clase de magia, sino porque no podemos estudiar el futuro y necesitamos algo con lo que comparar el presente, de manera que recordemos que los presupuestos esenciales han sido muy diferentes en distintos periodos y que gran parte de lo que a los iletrados les parece verdad simplemente es una moda pasajera. No es probable que a un hombre que ha vivido en muchos lugares se le engañe con los errores locales de su pueblo natal; el erudito ha vivido en muchas épocas y es, por lo tanto, inmune en cierto grado a la enorme catarata de tonterías que se vierte desde la prensa y los micrófonos en su propia época.

La vida ilustrada es pues, para algunos, un deber. Ahora mismo parece que fuera su deber. Soy bien consciente de que puede parecer que hay una discrepancia casi cómica entre las grandes cuestiones que hemos considerado y la tarea inmediata de la que quizá se estén ocupando, como las leyes fonéticas del anglosajón o las fórmulas químicas. Pero hay un choque similar esperándonos en cada vocación: un joven sacerdote se encuentra implicado en los asuntos del coro y un joven subalterno en contar jarras de mermelada. Está bien que así sea. Elimina a la gente vana y volátil y mantiene a los que son tanto humildes como fuertes. En esta clase de dificultad no tenemos que gastar ninguna simpatía. Pero la dificultad peculiar que a ustedes les ha impuesto la guerra es otra cuestión, y sobre ello repetiría lo que vengo diciendo de una forma u otra desde que empecé: no dejen que sus nervios y sus emociones les lleven a pensar que su dilema es más anormal de lo que realmente es. Tal vez sea útil mencionar los tres ejercicios mentales que pueden servir como defensa contra los tres enemigos que la guerra alza contra los eruditos.

El primer enemigo es la excitación: la tendencia a pensar y sentir acerca de la guerra cuando teníamos intención de pensar en nuestro trabajo. La mejor defensa es el reconocimiento de que en esto, como en todo lo demás, en realidad la guerra no ha levantado a un nuevo enemigo, sino que solo ha agravado uno antiguo. Siempre hay multitud de rivales de nuestro trabajo. Siempre estamos enamorándonos o peleándonos, buscando trabajos o temiendo perderlos, enfermándonos y recuperándonos, siguiendo los asuntos públicos. Si nos dejáramos, siempre estaríamos esperando alguna u otra distracción para terminar antes de que realmente nos hayamos puesto manos a la obra con nuestro trabajo. Las únicas personas que alcanzan logros significativos son aquellas que desean tantísimo el conocimiento que lo buscan aunque las condiciones sigan siendo poco favorables. Las condiciones favorables nunca llegan. Existen, por supuesto, momentos en los que la presión de la excitación es tan grande que solo un autocontrol sobrehumano podría resistirlo. Estos llegan tanto en tiempo de guerra como de paz. Debemos hacerlo lo mejor posible.

El segundo enemigo es la frustración: el sentimiento de que no tendremos tiempo para terminarlo. Si les digo que nadie tiene tiempo de terminar, que la vida humana más larga deja al hombre, en cualquier rama del aprendizaje, como un principiante, les parecería que estoy diciendo algo bastante académico y teórico. Se sorprenderían si supieran lo pronto que uno empieza a sentir la corta longitud de la soga, o cómo cuántas veces, incluso a mitad de la vida, tenemos que decir: «No hay tiempo para eso», «Ya es demasiado tarde» y «No es para mí». Pero la naturaleza en sí misma te impide compartir esta experiencia. Una actitud más cristiana, que se puede alcanzar a cualquier edad, es la de dejar el porvenir en manos de Dios. Deberíamos, porque ciertamente Dios lo retendrá ya sea que se lo dejemos a él o no. Nunca, ni en la paz ni en la guerra, comprometas tu virtud o tu felicidad al futuro. El trabajo feliz lo hace mejor el hombre que asume sus planes a largo plazo con cierta ligereza y trabaja poco a poco «como para el Señor». Únicamente se nos anima a pedir nuestro pan *diario*. El presente es el único tiempo en el cual se puede cumplir cualquier deber o se puede recibir cualquier gracia.

El tercer enemigo es el miedo. La guerra nos amenaza con la muerte y el dolor. Ningún hombre —y especialmente ningún cristiano que recuerde Getsemaní— tiene por qué esforzarse por alcanzar una estoica indiferencia acerca de estas cosas, pero podemos guardarnos de las ilusiones de la imaginación. Pensamos en las calles de Varsovia y contrastamos las muertes allí sufridas con una abstracción llamada Vida. Pero no es una cuestión de vida o muerte para ninguno de nosotros, solo una cuestión de esta muerte o aquella: o la bala de una ametralladora ahora o un cáncer dentro de cuarenta años. ¿Qué le hace la guerra a la muerte? Desde luego, no la hace más frecuente; el cien por cien de nosotros moriremos, y este porcentaje no puede aumentar. La guerra trae algunas muertes más pronto, pero me cuesta creer que sea eso a lo que tememos. Ciertamente, cuando llegue el momento habrá poca diferencia en la cantidad de años que hayamos dejado a nuestras espaldas. ¿Incrementa eso nuestras posibilidades de una muerte dolorosa? Lo dudo. Hasta donde yo puedo saber, a lo que llamamos muerte natural normalmente le precede el sufrimiento, y un campo de batalla es uno de los pocos lugares donde uno tiene una perspectiva razonable de morir sin ninguna clase de dolor. ¿Incrementa nuestra probabilidad de morir en paz con Dios? No puedo creerlo. Si el servicio activo no convence a un hombre para prepararse ante la muerte, ¿qué concatenación imaginable de circunstancias lo haría? Aun así, la guerra le hace algo a la muerte. Nos obliga a recordarla. La única razón por la que el cáncer a los sesenta o la parálisis a los setenta y cinco no nos preocupan es porque los olvidamos. La guerra hace que veamos la muerte como algo real, y la mayoría de los grandes cristianos del pasado habrían considerado esto como una de sus bendiciones. Ellos pensaban que ser siempre conscientes de nuestra mortalidad era bueno para nosotros. Me inclino a pensar que tenían razón. Toda la vida animal en nosotros, todos los esquemas de felicidad centrados en este mundo, siempre estuvieron condenados a una frustración final. En tiempos corrientes, solo un hombre sabio puede darse cuenta. Ahora lo sabe el más estúpido de nosotros. Vemos sin duda alguna la clase de universo en el que hemos estado viviendo todo el tiempo, y debemos asimilarlo. Si conservábamos ridículas esperanzas no cristianas acerca de la cultura humana, ahora se han hecho pedazos. Si pensábamos que estábamos construyendo un cielo en la tierra, si buscábamos algo que convirtiera el mundo presente de un lugar de peregrinaje en una ciudad permanente que satisficiera el alma del hombre, nos hemos desilusionado, y no demasiado pronto. Pero si pensábamos que para algunas almas, y en algunos momentos, la vida erudita humildemente ofrecida a Dios era, en su pequeña medida, una de las aproximaciones señaladas de la realidad y la belleza divinas que esperamos disfrutar en el más allá, podemos considerarlo todavía.

SOBRE EL PERDÓN

Decimos muchas cosas en la iglesia (y fuera también) sin pensar en lo que estamos diciendo. Por ejemplo, decimos en el Credo: «Creo en el perdón de los pecados». Lo llevaba diciendo varios años antes de preguntarme por qué se encontraba en el Credo. A primera vista parece muy digno de ser puesto ahí. «Si uno es cristiano —pensé—, por supuesto que cree en el perdón de los pecados. No hace falta decirlo». Pero la gente que compiló el Credo pensó, al parecer, que esta era una parte de nuestras creencias que necesitábamos que nos recordasen cada vez que fuéramos a la iglesia. Y he comenzado a ver que, en lo que a mí me concierne, tenían razón. Creer en el perdón de los pecados no es tan fácil como pensaba. La creencia real en ello es de la clase de cosas que se desvanecen fácilmente si no la perfeccionamos de manera constante.

Creemos que Dios perdona nuestros pecados; pero también que él no lo hará a menos que nosotros perdonemos a otras personas sus pecados contra nosotros. No hay duda de la segunda parte de esta declaración. Está en el Padre Nuestro; fue expresado enfáticamente por nuestro Señor. Si no perdonas no serás perdonado. Ninguna parte de su enseñanza es más clara, y no hay excepciones. No dice que hemos de perdonar los pecados de otras personas a condición de que no sean demasiado espantosos, o a condición de que haya circunstancias atenuantes, o algo por el estilo. Hemos de perdonarlos todos, sin importar cuán malintencionados o mezquinos sean ni cuán a menudo se repitan. Si no lo hacemos, no será perdonado ni uno de los nuestros.

Ahora bien, me parece que a menudo cometemos un error con el perdón de nuestros pecados de parte de Dios y con el perdón que se nos dice que hemos de ofrecer a los pecados de otros. Hablemos primero sobre el perdón de Dios. Entiendo que, cuando pienso que le estoy pidiendo a Dios que me perdone, en realidad (a menos que me observe a mí mismo con mucha atención) le estoy pidiendo que haga algo bastante diferente. Le estoy pidiendo no que me perdone, sino que me excuse. Pero hay una gran diferencia entre perdonar y excusar. El perdón dice: «Sí, has hecho esto, pero acepto tus disculpas; nunca volveré a usarlo en tu contra y entre nosotros dos todo será exactamente igual que antes». Pero la excusa dice: «Veo que no has podido evitarlo o que no querías hacerlo; no eras realmente culpable». Si uno no era realmente culpable, no hay nada que perdonar. En ese sentido, el perdón y la excusa son casi opuestos. Por supuesto, en docenas de casos, ya sea entre Dios y el hombre o entre un hombre y otro, puede que haya una mezcla de los dos. Parte de lo que al principio parecían ser los pecados luego realmente no resultó ser culpa de nadie y se excusó; lo poco que queda se perdona. Si tuvieras una excusa perfecta, no necesitarías perdón; si toda tu acción necesita perdón, entonces no hay excusa para ti. Pero el problema es que aquello que llamamos «pedir el perdón de Dios» a menudo realmente consiste en pedirle a Dios que acepte nuestras excusas. Lo que nos conduce a este error es el hecho de que habitualmente encontramos algunas excusas, ciertas «circunstancias atenuantes». Estamos tan ansiosos por señalárselas a Dios (y a nosotros mismos) que tenemos tendencia a olvidar lo realmente importante, esto es, esa pequeña parte restante, esa que las excusas no cubren, que es inexcusable pero que, gracias a Dios, no es imperdonable. Y si la olvidamos, nos marcharemos imaginándonos que nos hemos arrepentido y que hemos sido perdonados cuando lo que ha ocurrido en realidad es que hemos quedado satisfechos con nuestras propias excusas. Puede que sean excusas muy malas, pues nos quedamos satisfechos con demasiada facilidad. Existen dos remedios para este peligro. Uno es recordar que Dios conoce todas las excusas reales mucho mejor que nosotros. Si realmente existen «circunstancias atenuantes», no hay miedo de que él vaya a subestimarlas. A menudo, él debe conocer muchas excusas en las que nosotros nunca hemos pensado, y por eso las almas humildes, después de la muerte, tendrán la deliciosa sorpresa de descubrir que en ciertas ocasiones pecaron mucho menos de lo que habían pensado. Él se hará cargo de todas las excusas reales. Lo que tenemos que llevarle es esa parte inexcusable, el pecado. Al hablar de todas las partes que (pensamos) pueden excusarse, no hacemos otra cosa que perder tiempo. Cuando van al médico le muestran la pequeña parte que está mal; por ejemplo, un brazo roto. Sería una pérdida de tiempo seguir explicándole que tienen las piernas, los ojos y la garganta completamente bien. Puede que se equivoquen al pensar eso y, de todos modos, si realmente están bien, el médico lo sabrá.

El segundo remedio es creer real y verdaderamente en el perdón de los pecados. Una gran parte de nuestro afán por dar excusas viene en realidad de nuestra incredulidad, de pensar que Dios no nos recibirá de nuevo si no encontramos alguna clase de argumento a nuestro favor. Pero entonces no sería perdón. El perdón real significa mirar directamente al pecado, a ese que queda sin ninguna excusa, después de todas las concesiones que se han hecho, y verlo con todo su horror, su suciedad, su vileza y malicia, y a pesar de todo reconciliarse completamente con el hombre que lo ha cometido. Eso, y solo eso, es perdón, y podemos siempre recibirlo de Dios si lo pedimos.

Cuando se trata de que nosotros perdonemos a otros, en parte es similar y en parte es diferente. Es similar porque aquí perdonar tampoco significa excusar. Mucha gente parece pensar que sí. Creen que si les pides que perdonen a alguien que les ha engañado o ha abusado de ellos estás tratando de dar a entender que realmente no hubo engaño o abuso. Pero si fuera así no habría nada que perdonar. Continúan contestando: «Pero es que este hombre rompió una promesa de lo más solemne». Exactamente: eso es justo lo que tienes que perdonar. (Esto no significa que debas creer necesariamente en su próxima promesa. Significa que debes esforzarte todo lo posible por aniquilar cualquier resto de resentimiento en tu corazón, cualquier deseo de humillarlo, herirlo o hacerle pagar). La diferencia entre esta situación y aquella en la cual pides el perdón de Dios es esta: en nuestro caso aceptamos las excusas con demasiada facilidad; en el caso de los demás no las aceptamos con suficiente facilidad. Con respecto a mis propios pecados, es una apuesta segura (aunque no una certeza) que las excusas no son tan buenas como yo creo; con respecto a los pecados de otros contra mí, es una apuesta segura (aunque no una certeza) que las excusas son mejores de lo que creo. Por lo tanto, uno debe comenzar a ocuparse de todo lo que pueda demostrar que el otro hombre no era tan culpable como pensábamos. Pero, aunque él fuera completamente culpable, aun así tendríamos que perdonarlo; y aunque un noventa y nueve por ciento de su aparente culpa pudiera explicarse con excusas realmente buenas, el problema del perdón comienza con el uno por ciento de la culpa que queda. Excusar aquello que es fácilmente excusable no es caridad cristiana; solo es justicia. Ser cristiano significa perdonar lo inexcusable, porque Dios te ha perdonado a ti lo inexcusable.

Esto es difícil. Quizá no sea tan difícil perdonar un gran y único daño. Pero perdonar las provocaciones incesantes de la vida diaria (mantenernos en el perdón a la suegra que se entromete, al marido que se excede en su autoridad, a la esposa que no para de quejarse, a la hija egoísta, al hijo mentiroso), ¿cómo podemos conseguirlo? Solo, creo yo, recordando dónde estamos, tomándonos en serio nuestras palabras cuando decimos en nuestras oraciones cada noche: «Perdónanos nuestros pecados, porque también nosotros perdonamos a todos los que nos deben». No se nos ofrece perdón en otros términos. Rechazarlo es rechazar la misericordia de Dios para nosotros. La regla no tiene excepciones y Dios quiere decir exactamente lo que dice.

HISTORICISMO

El que quiera volar sin alas debe hacerlo en sueños.

COLERIDGE

LLAMO *HISTORICISMO* A la creencia de que los seres humanos pueden, mediante el uso de sus poderes naturales, descubrir un significado interno en el proceso histórico. Digo mediante el *uso de sus poderes* naturales porque no voy a considerar a nadie que pretenda conocer el significado de toda la historia o de algún acontecimiento histórico concreto por revelación divina. Cuando digo *historicista* me refiero a alguien que me pide que acepte su explicación del significado interno de la historia sobre la base de su aprendizaje y su ingenio. Si me hubiera pedido que lo aceptara alegando que había recibido una visión, sería otra cosa. No debería haberle dicho nada. Su afirmación (apoyada con pruebas de santidad y milagros) no me corresponde juzgarla. Esto no significa que yo establezca una distinción, que tendría que aplicar yo mismo, entre escritores inspirados y no inspirados. La distinción no es entre los que tienen inspiración y los que no, sino entre los que afirman tenerla y los que no. Con los primeros no tengo por el momento ningún problema.

Digo *significado interno* porque no pongo en la clase de historicistas a los que encuentran un «significado» a la historia en cualquier sentido. Por lo tanto, en mi terminología, encontrar conexiones causales entre los hechos históricos es trabajo del historiador, no del historicista. Un historiador, sin llegar a ser historicista, puede ciertamente inferir acontecimientos desconocidos a partir de los conocidos. Incluso puede deducir los hechos futuros a partir de los pasados; la predicción puede ser una locura, pero no es historicismo. Puede «interpretar» el pasado en el sentido de reconstruirlo en la imaginación, haciéndonos sentir (en la medida de lo posible) cómo era y, en ese sentido, qué «significaba» para un hombre ser un *villein* del siglo XII o un *eques* romano. Lo que hace que todas estas actividades sean las propias del historiador es que, en ellas, las conclusiones, como las premisas, son históricas. El distintivo del historicista, por otra parte, es que intenta obtener de las premisas históricas conclusiones que son más que históricas; conclusiones metafísicas o teológicas o (por acuñar una nueva palabra) ateológicas. Tanto el historiador como el historicista pueden decir que algo «tiene que haber sucedido». Pero «tiene que», en boca de un auténtico historiador, se referirá solo a una *ratio cognoscendi*:[1] dado que sucedió A, «tiene que haberle» precedido B; si Guillermo el Bastardo llegó a Inglaterra «tuvo que haber» cruzado el mar. Pero «tiene que» en boca de un historicista puede poseer un significado muy diferente. Puede significar que los acontecimientos se desarrollaron como se desarrollaron debido a una necesidad última y trascendente en el terreno de las cosas.

Cuando Carlyle hablaba de la historia como un «libro de revelaciones» era un historicista. Cuando Novalis decía que la historia era «un evangelio» era un historicista. Cuando Hegel veía en la historia la automanifestación progresiva del espíritu absoluto era un historicista. Cuando una mujer del pueblo dice que el ataque de parálisis que ha sufrido su malvado suegro es «un castigo» es una historiadora. El evolucionismo, cuando deja de ser un simple teorema de la biología y se convierte en un principio de interpretación del proceso histórico total, es una forma de historicismo. El *Hyperion* de Keats es la epopeya del historicismo, y las palabras de Oceanus:

1. Base del conocimiento, por medio de la cual se conoce algo. [*N. del t.*].

Es ley eterna
que el primero en belleza sea el primero en poderío.

son la mejor muestra de historicismo que uno puede encontrar. El argumento de este artículo es que el historicismo es una ilusión y que los historicistas están, en el mejor de los casos, perdiendo el tiempo. Espero que no quede ya duda de que al criticar a los historicistas no estoy criticando en absoluto a los historiadores. No es formalmente imposible que una misma persona sea historicista e historiador. Pero, en realidad, es raro que se combinen ambos personajes. Los que se convierten en historicistas suelen ser teólogos, filósofos y políticos.

El historicismo se da en muchos niveles. Su forma más baja es la que ya he mencionado: la doctrina de que nuestras calamidades (o más a menudo las calamidades de nuestros vecinos) son «juicios»; es decir, condenas o castigos divinos. Este tipo de historicismo se esfuerza a veces por apoyarse en la autoridad del Antiguo Testamento. Algunos incluso hablan como si interpretar la historia de esta manera fuera el rasgo característico de los profetas hebreos. Tengo dos respuestas para esto. En primer lugar, las Escrituras se presentan ante mí como un libro que afirma ser de inspiración divina. No estoy preparado para discutir con los profetas. Pero si alguien piensa que, como Dios se complació en revelar ciertas calamidades como «juicios» contra ciertas personas elegidas, eso le da derecho a generalizar e interpretar todas las calamidades de la misma manera, entonces yo sostengo que eso es un *non sequitur*. A menos, claro está, que esa persona se presente como profeta; en ese caso debo remitir su pretensión a jueces más competentes. Pero, en segundo lugar, debemos insistir en que tal interpretación de la historia no era el rasgo distintivo de la antigua religión hebrea, no es lo que la distingue y la hace singularmente valiosa. Todo lo contrario, esto es precisamente lo que comparte con el paganismo popular. Atribuir las calamidades a los dioses ofendidos y, por lo tanto, buscar y castigar al ofensor, es la cosa más natural del mundo y, por lo tanto, el método universal. Nos vienen a la mente de inmediato ejemplos como la plaga de la *Ilíada A* y la del inicio del *Oedipus Tyrannus*. Lo característico, lo peculiar de la Escritura es la serie de desmentidos que Dios da a este tipo de historicismo ingenuo y espontáneo: en el curso de la historia judía, en el libro de Job, en el Siervo Sufriente de Isaías (Is 53), en las respuestas de nuestro Señor sobre el desastre de Siloé (Lc 13:4) y en el ciego de nacimiento (Jn 9:13). Si esta clase de historicismo sobrevive, será a pesar del cristianismo. Y en cierta forma está claro que sobrevive. Algunos que en general merecen ser llamados historiadores se delatan escribiendo como si todo lo que fracasa o triunfa lo hiciera porque lo merece de alguna manera. Debemos cuidarnos de los matices emocionales de expresiones como «el juicio de la historia». Podría inducirnos al más vulgar de los errores vulgares, el de idolatrar como diosa a la Historia por aquello por lo que en épocas más viriles se atacaba a la furcia Fortuna. Eso nos hundiría por debajo del nivel cristiano, incluso del mejor nivel pagano. Los vikingos y los estoicos lo sabían bien.

Pero ahora hay tipos más sutiles y cultivados de historicismo que también afirman que su perspectiva es especialmente afín al cristianismo. Como señaló recientemente el padre Paul Henry en su conferencia Deneke en Oxford, se ha convertido en un lugar común decir que el pensamiento judaico y el cristiano se distingue del pagano y del panteísta precisamente por la importancia que le atribuyen a la historia. Para el panteísta, se nos dice, el contenido del tiempo es mera ilusión; la historia es un sueño y la salvación consiste en despertar. Para los griegos, se nos dice, la historia era un mero fluir o, en el mejor de los casos, algo cíclico: el significado no debía buscarse en el Devenir, sino en el Ser. Para el cristianismo, en cambio, la historia es un relato con una trama bien definida, que gira en torno a la Creación, la Caída, la Redención y el Juicio. La historia es, en efecto, la revelación divina por excelencia, la revelación que incluye todas las demás.

No niego que la historia deba ser, en cierto sentido, todo esto para un cristiano. Pero en qué sentido, eso se explicará más adelante. Por el momento, sostengo que el contraste que se suele establecer entre el pensamiento judío o cristiano, por un lado, y el pagano o panteísta, por otro, es en cierta medida ilusorio. En el mundo moderno, sin duda, el historicismo tiene un ancestro panteísta en Hegel y una progenie materialista en los marxistas. Hasta ahora ha demostrado ser un arma más fuerte en manos de nuestros enemigos que en las nuestras. Si hay que recomendar el historicismo cristiano como arma apologética, más vale que se recomiende por la máxima *fas est et ab hoste doceri*[2] que por una supuesta facultad inherente para congeniar. Y si miramos al pasado encontraremos que el contraste funciona bien entre griegos y cristianos, pero no entre cristianos y otros tipos de paganos. Los dioses nórdicos, por ejemplo, a diferencia de los homéricos, son seres enraizados en un proceso histórico. Viven bajo la sombra del Ragnarok y están preocupados por el tiempo, Odín es casi el dios de la ansiedad: en ese sentido, el Wotan de Wagner es sorprendentemente fiel al original eddaico. En la teología nórdica, la historia cósmica no es un ciclo ni un fluir; es irreversible, una epopeya trágica que marcha hacia la muerte al ritmo de los presagios y las profecías. Incluso si descartamos el paganismo nórdico por la posible influencia del cristianismo, ¿qué hacemos con los romanos? Está claro que no consideraban la historia con la indiferencia, o con el interés meramente científico o anecdótico, de los griegos. Parece que eran una nación de historicistas. Ya he señalado en otro lugar que toda la épica romana anterior a Virgilio era probablemente una crónica métrica;[3] y el tema era siempre el mismo: el nacimiento de Roma. Lo que Virgilio hizo fue, básicamente, aportar a este tema perenne una nueva unidad mediante su estructura simbólica. *La Eneida* propone, aunque en forma de mito, algo que es precisamente

2. «Es bueno aprender incluso de los enemigos». [*N. del t.*].
3. «Virgil and the Subject of Secondary Epic», *A Preface to Paradise Lost* (Oxford, 1942), pp. 32ss.

una lectura de la historia, un intento de mostrar lo que los *fata Jovis*[4] se esforzaban por conseguir. Todo está relacionado no con Eneas como héroe individual, sino con Eneas como quien había de traer a Roma. Esto, y casi únicamente esto, da significado a su huida de Troya, a su amor con Dido, a su descenso al Hades y a su derrota de Turnus. *Tante molis erat*:[5] toda la historia es para Virgilio un inmenso parto. De esta fuente pagana desciende un tipo de historicismo que llega hasta Dante. El historicismo del *De Monarchia*, aunque con habilidad, y por supuesto sinceramente, es mortificado en el marco judaico y cristiano, es en gran medida romano y virgiliano. En efecto, se puede catalogar con razón a san Agustín de historicista cristiano. Pero no siempre se recuerda que llegó a serlo para refutar el historicismo pagano. Su *De Civitate* responde a quienes achacaban los desastres de Roma a la ira de los dioses que el cristianismo había rechazado. No pretendo insinuar que la tarea no le fuera como anillo al dedo a san Agustín, ni que su historicismo fuera un mero *argumentum ad hominem*. Pero es absurdo considerar que era algo específicamente cristiano en él que aceptara un terreno que de hecho había sido elegido por el enemigo.

Por tanto, la estrecha relación que algunos ven entre el cristianismo y el historicismo me parece, en gran medida, ilusoria. A simple vista no hay nada que lo apoye, basándose en motivos como ese. Tenemos derecho a examinarla en cuanto al fondo.

Lo que, según las premisas cristianas, parece cierto en la posición del historicista es lo siguiente: puesto que todas las cosas suceden por voluntad divina o, al menos, con permiso divino, se deduce que el contenido total del tiempo debe ser, en su propia naturaleza, una revelación de la sabiduría, la justicia y la misericordia de Dios. En esta dirección podemos llegar tan lejos como Carlyle o Novalis o cualquier otro. La historia es, en ese sentido, un Evangelio perpetuo, una historia escrita por el dedo de Dios. Si, por algún milagro, se

4. Los hados de Júpiter. [*N. del t.*]
5. «Tan ardua empresa era». [*N. del t.*]

extendiera ante mí el contenido total del tiempo y si, por otro, yo fuera capaz de retener toda esa infinidad de acontecimientos en mi mente y si, por un tercero, Dios quisiera comentarlo para que yo pudiera entenderlo, entonces, para estar seguro, podría hacer lo que el historicista dice que está haciendo. Podría leer el significado, discernir el patrón. Sí; y si el cielo cayera, todos atraparíamos alondras. La cuestión no es lo que se podría hacer bajo condiciones que nunca se nos conceden *in via*, ni siquiera (que yo recuerde) se nos prometieron *in patria*, sino lo que se puede hacer ahora y en las condiciones reales. No discuto que la Historia sea un relato escrito por el dedo de Dios. ¿Pero tenemos el texto? (Sería un aburrimiento discutir sobre la inspiración de la Biblia si nunca se hubiera visto un ejemplar).

Debemos recordar que la palabra *historia* tiene varios sentidos. Puede significar el contenido total del tiempo: pasado, presente y futuro. Puede significar solo el contenido del pasado, pero aun así el contenido total del pasado, el pasado tal y como era realmente en toda su abundancia. En tercer lugar, puede significar tanto del pasado como se pueda descubrir a partir de las evidencias que se conservan. En cuarto lugar, puede significar tanto como lo que han descubierto realmente los historiadores que están, por así decirlo, «en la brecha», los historiadores pioneros de los que nunca ha oído hablar el público, los que hacen los descubrimientos reales. En quinto lugar, puede significar esa parte, y esa versión, de lo que se ha descubierto tal como la han elaborado los grandes escritores de historia. (Este es quizás el sentido más popular: la *historia* suele ser lo que se lee cuando se lee a Gibbon o a Mommsen, o el maestro del Trinity[6]). En sexto lugar, puede significar esa imagen imprecisa del pasado que vaga, de forma más bien nebulosa, en la mente del hombre educado común.

Cuando se dice que la «historia» es una revelación, o tiene un significado, ¿en cuál de estos seis sentidos se utiliza la palabra historia?

6. El antiguo profesor del Trinity College de Cambridge, el historiador G. M. Trevelyan (1876-1962).

Me temo que, de hecho, muchas veces están pensando en la historia en el sexto sentido; en ese caso, su discurso sobre la revelación o el significado es poco plausible. Porque la «historia» en el sexto sentido es el país de las sombras, el hogar de espectros como el hombre primitivo o el Renacimiento o los antiguos griegos y romanos. Por supuesto, no nos sorprende nada que los que se quedan mirando demasiado tiempo vean patrones. Todos vemos figuras cundo miramos el fuego. Cuanto más indeterminado es el objeto, más excita nuestras facultades míticas o «esemplásticas». A simple vista, la luna tiene una cara; pero desaparece cuando se utiliza un telescopio. Del mismo modo, los significados o patrones discernibles en la «historia» (en su sentido sexto) desaparecen cuando nos volvemos a la «historia» en cualquiera de los otros sentidos. Todos vemos más claras las épocas que menos ha estudiado. Nadie que haya distinguido los diferentes sentidos de la palabra historia podría seguir pensando que la historia (en su sexto sentido) es un evangelio o una revelación. Es un efecto de la perspectiva. Por otro lado, admitimos que la historia (en el primer sentido) es un relato escrito por el dedo de Dios. Por desgracia, no lo hemos captado. La pretensión del historicista en activo dependerá entonces de su éxito en demostrar que la historia, en uno de los sentidos intermedios —el primero está fuera de su alcance y el sexto es inútil para su propósito—, está lo suficientemente cerca de la historia, en el primer sentido, como para compartir sus cualidades reveladoras.

Pasamos, pues, a la historia en su segundo sentido: el contenido total del tiempo pasado tal como fue realmente en toda su abundancia. Esto salvaría al historicista si pudiéramos creer dos cosas: primero, que la tremenda omisión del futuro no oculta el punto o el sentido de la historia, y, segundo, que de verdad poseemos la historia (en su segundo sentido) hasta el momento presente. Pero ¿podemos creer alguna de esas dos cosas?

Estaríamos ante un ejemplo supremo de suerte si el contenido del tiempo hasta el momento en que el historicista está escribiendo contuviera todo lo que necesita para interpretar el significado de la historia total. Vamos de espaldas al sentido de la marcha. No sabemos en qué parte del viaje nos encontramos. ¿Estamos en el primer acto o en el quinto? ¿Los males que padecemos son los de la infancia o los de la senectud? Si supiéramos que la historia es cíclica, quizá podríamos conjeturar su significado a partir del fragmento que hemos visto. Pero se nos ha dicho que los historicistas son justo los que no creen que la historia sea meramente cíclica. Para ellos es una historia real con un principio, un punto medio y un final. Pero una historia es precisamente el tipo de cosa que no se puede entender hasta que se ha escuchado en su totalidad. O bien, si hay relatos (malos) cuyos capítulos posteriores no añaden nada esencial a su significado, y cuyo significado, por tanto, está contenido en menos que su totalidad, no se puede saber si un determinado relato pertenece a esa clase hasta que se haya leído al menos una vez hasta el final. Luego, en una segunda lectura, puede omitir la paja de los capítulos finales. Yo siempre omito el último libro de *Guerra y Paz*. Pero aún no hemos leído la historia hasta el final. Puede que no haya paja. Si se trata de un relato escrito por el dedo de Dios, probablemente no la haya. Y si no, ¿cómo podemos suponer que ya hemos captado «el argumento principal»? Sin duda, incluso ahora hay cosas que podemos decir sobre este relato. Por ejemplo, que es un relato emocionante, o que está lleno de gente, o que tiene personajes graciosos. Lo único que no debemos decir es qué significa, o cuál es su patrón total.

Pero, aun si fuera posible, cosa que no creo, ver el significado del conjunto a partir de un texto truncado, sigue vigente la pregunta de si tenemos ese texto truncado. ¿Poseemos a día de hoy el contenido del tiempo tal y como fue realmente en toda su riqueza? Está claro que no. El pasado, por definición, no es presente. La confesión despreocupada de que «por supuesto que no lo sabemos *todo*» desvirtúa tanto la idea que intento exponer que a veces pierdo la esperanza de poder hacérsela entender a los demás. No se trata de no saberlo todo: se trata (al menos en términos cuantitativos) de no saber casi nada. Cada uno de nosotros encuentra que en su propia vida cada momento del tiempo está completamente lleno. Es bombardeado cada segundo por sensaciones, emociones, pensamientos, a los que no puede atender por ser tantos, y las nueve décimas partes de los cuales debe simplemente ignorar. Un solo segundo de tiempo vivido contiene más de lo que se puede registrar. Y cada segundo del tiempo pasado ha sido así para todos los seres humanos de la historia. El pasado (asumo en favor del historicista que solo hace falta considerar el pasado humano), en su realidad, fue una catarata rugiente de miles y miles de millones de esos momentos: cualquiera de ellos demasiado complejo para comprenderlo en su totalidad, y el conjunto excede todo lo imaginable. La mayor parte de esta rebosante realidad escapó a la conciencia humana casi tan pronto como se produjo. Ninguno de nosotros podría en este momento presentar nada parecido a un relato completo de su propia vida de las últimas veinticuatro horas. Ya lo hemos olvidado; y aunque lo recordemos, no tenemos tiempo. Los nuevos momentos han llegado. A cada tictac del reloj, en cada lugar habitado del mundo, cae en el olvido total una riqueza y variedad inimaginables de «historia». La mayoría de las experiencias del «pasado tal como realmente fue» las olvidó al instante el sujeto mismo. Del pequeño porcentaje que recordaba (nunca con total exactitud), un porcentaje menor se lo comunicó a sus más íntimos; de este, un porcentaje aún menor quedó registrado; de la fracción registrada, solo otra fracción ha llegado a la posteridad. *Ad nos vix tenuis famae perlabitur aura.*[7] Una vez que nos hemos dado cuenta de lo que significa «el pasado tal como realmente fue», debemos admitir que la mayor parte de —o casi toda— la historia (en su segunda acepción) es, y seguirá siendo, totalmente desconocida para nosotros. Y si pese a todo se llegara a conocer el conjunto, sería totalmente inabarcable. Para conocer la totalidad de un minuto

7. «A nosotros apenas nos llega un leve soplo de fama». [*Nota del t.*].

de la vida de Napoleón necesitarías un minuto entero de tu propia vida. No podrías seguir el ritmo.

Si estas reflexiones, bastante obvias, no le preocupan al historicista, es porque tiene una respuesta. «Por supuesto —responde—, admito que no sabemos ni podemos saber (y, de hecho, no queremos saber) toda la cantidad de trivialidades que llenaron el pasado como llenan el presente; cada beso y cada gesto, cada rasguño y cada estornudo, cada hipo y cada tos. Pero conocemos los hechos que importan». Ahora bien, esta respuesta es perfectamente válida para un historiador: pero no tengo tan claro que sirva para los historicistas. Observarán que ahora estamos ya muy lejos de la historia en su primera acepción, la historia total escrita por el dedo de Dios. En primer lugar, tuvimos que abandonar las partes de esa historia que aún están en el futuro. Ahora parece que ni siquiera tenemos el texto de esas partes que llamamos «pasado». Solo tenemos selecciones; y selecciones que, en cuanto a cantidad, son más comparables con el texto original de lo que lo sería una palabra con todos los libros del Museo Británico. Se nos pide que creamos que a partir de selecciones a esa escala los seres humanos (sin inspiración sobrenatural) pueden llegar al significado o plan o propósito del original. Esto solo es creíble si se puede demostrar que las selecciones compensan en calidad lo que les falta en cantidad. Sin duda, para ello la calidad tendrá que ser muy buena.

«Las partes importantes del pasado sobreviven». Si un historiador dice esto (no estoy seguro de que la mayoría lo haga) se refiere a la relevancia de la investigación particular que ha elegido. Así, si es un historiador de la economía, los hechos económicos son para él importantes; si es un historiador militar, lo son los hechos militares. Y no se habría embarcado en su investigación a menos que tuviera alguna razón para suponer que existían pruebas relevantes. Normalmente, los hechos «importantes» para él sobreviven porque su compromiso se basaba en la probabilidad de que se tengan los hechos que él llama importantes. A veces descubre que estaba equivocado. Admite la derrota y prueba una nueva pregunta. Todo esto es bastante simple. Pero el historicista se encuentra en una posición diferente. Cuando dice «Los hechos importantes sobreviven», lo que tiene que entender por «importante» (si está afirmando algo al respecto) es aquello que revela el sentido interno de la historia. Las partes importantes del pasado deben ser, para un historicista hegeliano, aquellas en las que el Espíritu Absoluto se manifiesta de forma progresiva; para un historicista cristiano, serán las que revelan los propósitos de Dios. En esta afirmación veo dos dificultades. La primera es lógica. Si la historia es lo que dice el historicista —la manifestación del Espíritu, la historia escrita por el dedo de Dios, la revelación que incluye todas las demás revelaciones—, entonces seguramente debe acudir a la propia historia para que le enseñe lo que es importante. ¿Cómo puede saber de antemano qué tipo de acontecimientos son, en mayor grado que otros, manifestaciones del Espíritu? Y, si no lo sabe, ¿de dónde saca su seguridad de que son eventos de ese tipo los que logran (¡qué conveniente!) quedar registrados?

La segunda dificultad es evidente, si pensamos por un momento en el proceso por el que un hecho del pasado llega, o no, a la posteridad. La cerámica prehistórica sobrevive porque la loza es fácil de romper y difícil de pulverizar; la poesía prehistórica ha perecido porque las palabras, antes de la escritura, se esfuman. ¿Es razonable concluir que no había poesía o que era, según el criterio de los historicistas, menos importante que la cerámica? ¿Existe una ley descubierta por la que los manuscritos importantes sobreviven y los que no son importantes perecen? ¿Alguna vez ha sacado una vieja gaveta (por ejemplo, al limpiar la casa de su padre) sin plantearse si iban a salvarse los documentos triviales y a desaparecer los que todo el mundo habría considerado que había que conservar? Creo que el verdadero historiador admitirá que el *detritus* real del pasado sobre el que trabaja se parece mucho más a una vieja gaveta que a un epítome inteligente de alguna obra más larga. La mayor parte de lo que sobrevive o perece lo hace por casualidad: es decir, como resultado de causas que no tienen nada que ver ni con los intereses del historiador ni con los del historicista. Sin duda, sería posible que Dios ordenara estas posibilidades de tal manera que lo que sobreviva sea siempre justo lo que el historicista necesita. Pero no veo ninguna evidencia de que haya sido así; no recuerdo ninguna promesa de que Dios lo fuera a hacer así.

Las fuentes «literarias», como las llama el historiador, consignan sin duda lo que sus escritores, por alguna razón, consideraron importante. Pero esto sirve de poco, a menos que sus estándares de importancia fueran los mismos que los de Dios, lo cual parece poco probable. Sus estándares no coinciden entre ellos ni con los nuestros. Con frecuencia nos dicen lo que en gran medida no queremos saber y omiten lo que consideramos esencial. A menudo es fácil ver por qué. Su estándar de importancia se explica por su situación histórica. Sin duda, el nuestro también. Los estándares de importancia histórica están a su vez incorporados en la historia. Pero, entonces, ¿con qué criterio podemos juzgar si ha sobrevivido lo «importante», en algún alto sentido hegeliano? ¿Tenemos, aparte de nuestra fe cristiana, alguna garantía de que los hechos históricos que consideramos hitos trascendentales coinciden con los que se considerarían hitos trascendentales si Dios nos mostrara todo el texto y se dignara a comentarlo? ¿Por qué habría de ser más importante Gengis Khan que el sufrimiento o la desesperación de alguna de sus víctimas? ¿Acaso aquellos que consideramos figuras importantes —grandes eruditos, soldados y estadistas— no adquieren su principal relevancia por suscitar estados del alma en individuos de los que nunca hemos oído hablar? No quiero decir, por supuesto, que aquellos a los que llamamos los grandes no sean también almas inmortales por las que murió Cristo, sino que en la trama total de la historia podrían ser personajes menores. No sería extraño que nosotros, que no hemos asistido a toda la representación, y que solo hemos escuchado pequeños fragmentos de las escenas ya representadas, confundiéramos a veces a un simple portero bien vestido con uno de los protagonistas.

En una selección tan reducida y fortuita del pasado total como la que tenemos, me parece una pérdida de tiempo jugar al historicismo. La filosofía de la historia es una disciplina para la que los mortales no tenemos los datos necesarios. Tampoco digo que el intento sea siempre una pérdida de tiempo: puede ser un juego pueril, pero positivo. El historicismo anima a un Mussolini a decir que «la historia lo agarró por el cuello» cuando lo que realmente lo agarró por el cuello fue el deseo. La cháchara hueca sobre las razas superiores o la dialéctica inmanente pueden servir para reforzar la crueldad y la codicia y aliviar su conciencia. ¿Y qué charlatán o traidor no va ahora a captar adeptos o a intimidar a la resistencia, seguros de que su plan es inevitable, «destinado a producirse», y en la dirección que el mundo ya está tomando?

Cuando en alguna conversación he intentado dar explicaciones sobre este tema, a veces me he encontrado con la réplica: «Porque los historiadores no lo sepan todo, ¿les prohibirá que intenten comprender lo que sí saben?». Pero creo que esto no tiene nada que ver. Ya he explicado en qué sentido deben los historiadores intentar comprender el pasado. Pueden inferir eventos desconocidos a partir de los conocidos, pueden reconstruir, pueden incluso (si insisten) predecir. De hecho, pueden decirme casi todo lo que quieran sobre la historia, excepto su significado metahistórico. Y seguro que la razón es muy clara. Hay investigaciones en las que vale la pena utilizar pruebas exiguas. Puede que no lleguemos a la certeza, pero sí a la probabilidad, y medio pan es mejor que ninguno. Pero hay otras investigaciones en las que las pruebas exiguas valen lo mismo que cero pruebas. En una anécdota divertida, haber escuchado todo excepto las últimas seis palabras en las que se basa te deja, como juez de sus méritos cómicos, en la misma posición que quien no ha escuchado nada. Opino que el historiador se dedica a una investigación del primer tipo; el historicista, a una del segundo. Pero establezcamos una analogía más familiar.

Supongamos una obra griega perdida de la que se han extraído fragmentos que suman un total de seis versos sobrevivientes. Han sobrevivido, por supuesto, en los gramáticos que los citaban para ejemplificar inflexiones raras. Es decir, sobreviven porque alguien los consideró importantes por alguna razón, no porque fueran importantes en la obra como tal. Si alguno de esos versos tuvo una importancia dramática, será tan solo un afortunado accidente, del que no sabemos nada. No puedo condenar al erudito clásico a producir nada más que un texto desnudo de los fragmentos, como tampoco condeno al historiador a ser un mero cronista. Dejemos que el estudioso remiende las piezas faltantes y saque las conclusiones que pueda sobre la historia de la lengua, la métrica o la religión griegas. Pero que no empiece a hablarnos de la importancia de la obra como tal. Para ello, las pruebas que tiene delante poseen un valor indistinguible de cero.

El ejemplo de un texto defectuoso podría utilizarse de otra manera. Supongamos que tenemos un manuscrito mutilado, en el que solo una minoría de pasajes son legibles. Las partes que aún podemos leer podrían suponer una prueba admisible para aquellos rasgos que probablemente sean constantes y estén distribuidos de manera uniforme en el conjunto; por ejemplo, la ortografía o la escritura. A partir de estas pruebas, un paleógrafo podría, sin arriesgarse mucho, aventurar una conjetura sobre el carácter y la nacionalidad del escriba. Un crítico literario tendría muchas menos posibilidades de acertar en cuanto al propósito del texto completo. Esto se debe a que el paleógrafo se ocupa de lo que es cíclico o recurrente, y el crítico literario se ocupa de algo singular y con un desarrollo singular. Es posible, aunque no probable, que todas las hojas rotas, manchadas o desaparecidas las escribiera un escriba diferente; y, si no, es muy poco probable que este hubiera alterado sus hábitos de escritura en todos los pasajes que no podemos comprobar. Pero no hay nada en el mundo que impida que se pueda leer, en la parte inferior de una página, el verso:

Erimian era el más noble de los diez hermanos

Al que seguía en la siguiente y ahora desaparecida página, algo así:

Tanto como los hombres creyeron;
así de falsas son las creencias de los hombres.

Esto da respuesta a una posible pregunta: ¿mi regla de que las premisas históricas solo deberían producir conclusiones históricas implica que las premisas científicas deben producir solo conclusiones científicas? Si a las especulaciones de Whitehead, Jeans o Eddington las llamamos «cientificismo» (como algo distinto de la «ciencia»), ¿estoy condenando al científico tanto como al historicista? Me inclino, según lo que veo en este momento, a responder que no. El científico y el historiador me parecen como el paleógrafo y el crítico literario de mi parábola. El científico estudia aquellos elementos de la realidad que se repiten. El historiador estudia lo único. Ambos cuentan con un manuscrito defectuoso, pero sus defectos no son en absoluto igual de perjudiciales para uno y otro. Para todo lo que podemos contrastar, tan buena es una muestra de gravitación como una muestra de escritura autógrafa. Pero un hecho histórico, o un verso de un poema, es diferente de otro y diferente en su contexto real de lo que sería en cualquier otro contexto, y a partir de todas estas diferencias se construye el carácter único del conjunto. Por eso, en mi opinión, el científico que se convierte en cientifista está en una posición más sólida que el historiador que se convierte en historicista. Puede que no sea muy sensato concluir, a partir de lo que conocemos del universo físico, que «Dios es un matemático». Sin embargo, me parece mucho más sensato que concluir cualquier cosa sobre sus «juicios» a partir de la historia. *Caveas disputare de occultis*

Dei judiciis,[8] dice el autor de la *Imitación*. Incluso nos aconseja qué antídotos utilizar *quando haec suggerit inimicus.*[9]

Espero que se entienda que no estoy negando todo acceso a la revelación de Dios en la historia. Acerca de algunos acontecimientos capitales (los plasmados en los credos) tenemos lo que considero un comentario divino que aclara su significado en la medida en que necesitamos, y podemos soportar, conocerlo. Acerca de otros acontecimientos, la mayoría de los cuales nos son, en cualquier caso, desconocidos, no contamos con tal comentario. También es importante recordar que todos tenemos un cierto acceso limitado, pero directo, a la historia en el primer sentido. Se nos permite leerla, incluso se nos insta a hacerlo, frase por frase, y cada una de ellas tiene la etiqueta «ahora». No me refiero, por supuesto, a lo que comúnmente se llama «historia contemporánea», al contenido de los periódicos. Esa es posiblemente la menos realista de todas las historias, escrita no por la mano de Dios, sino por oficinas extranjeras, demagogos y reporteros. Me refiero a la historia real o primaria que nos sale al encuentro un momento tras otro en nuestra experiencia. Es muy limitada, pero es el texto puro, sin editar, sin expurgar, directamente de la mano del Autor. Creemos que los buscadores hallarán un comentario que les baste para entenderla en el grado que necesiten; y que, por tanto, Dios se revela en cada momento «en la historia», es decir, en lo que MacDonald llamó «el santo presente». ¿Dónde, si no es en el presente, puede uno encontrarse con el Eterno? Si ataco el historicismo no es porque pretenda faltar al respeto a la historia primaria, la verdadera revelación que mana directamente de Dios en cada experiencia. Más bien lo hago porque respeto esta historia real original demasiado como para ver despreocupadamente los honores que se prodigan a esos fragmentos, copias de fragmentos, copias de copias de fragmentos, o reminiscencias flotantes de copias de copias,

8. «Guárdate de disputar de materias altas, y de los secretos juicios de Dios». [*Nota del t.*].

9. «Cuando el enemigo te haga pensarlo». [*Nota del t.*].

que se confunden, desgraciadamente, con ella bajo el nombre general de *historia*.

LA ÚLTIMA NOCHE DEL MUNDO

HAY MUCHAS RAZONES por las que el cristiano, o incluso el teólogo, moderno pueden vacilar a la hora de enfatizar la doctrina de la Segunda Venida de Cristo tanto como solían hacerlo nuestros antepasados. Sin embargo, no creo que sea posible conservar de manera reconocible nuestra creencia en la divinidad de Cristo y en la verdad de la revelación cristiana si abandonamos, o incluso si descuidamos por mucho tiempo, el prometido, y advertido, Retorno de Cristo. «Vendrá otra vez para juzgar a los vivos y a los muertos», dice el Credo de los Apóstoles. «Este mismo Jesús», dijeron los ángeles en Hechos, «vendrá así, tal como le habéis visto ir al cielo». «A partir de ahora», dijo el propio Señor (con esas palabras que encaminaban a la crucifixión), «veréis al Hijo del Hombre [...] viniendo sobre las nubes del cielo». Si esto no es una parte integral de la fe una vez dada a los santos, no sé qué lo será. En las páginas siguientes me esforzaré por tratar algunos de los pensamientos que pueden disuadir al hombre moderno de creer firmemente en el Retorno o Segunda Venida del Salvador, o de prestarle la debida atención. No pretendo hablar como experto en ninguna de las materias implicadas, y me limito a exponer mis reflexiones, que a mí me han parecido (quizá erróneamente) útiles. Someto todas ellas a la corrección de cabezas más sabias.

Las razones para que exista hoy cierta vergüenza ante esta doctrina se dividen en dos grupos, que pueden denominarse teórico y práctico. En primer lugar me ocuparé del teórico.

Muchos tratan de evitar esta doctrina porque reaccionan (en mi opinión muy correctamente) contra una escuela de pensamiento relacionada con el gran nombre del doctor Albert Schweitzer. Según esa escuela, la enseñanza de Cristo sobre su propio regreso y el fin del mundo —lo que los teólogos llaman su «apocalíptica»— era la esencia misma de su mensaje. Todas sus demás doctrinas partían de ella; su enseñanza moral daba siempre por sentado un fin del mundo inminente. Llevado al extremo, este punto de vista, como creo que dijo Chesterton, equivale a ver en Cristo poco más que a un William Miller del primer siglo, que creó entre nosotros una expectativa de terror. No digo que el doctor Schweitzer lo haya llevado a ese extremo: pero a algunos les ha parecido que su pensamiento nos lleva por ahí. Por esa razón, por temor a ese extremo, ha surgido una tendencia a suavizar lo que la escuela de Schweitzer ha enfatizado en exceso.

Por mi parte, aborrezco las reacciones, y desconfío de ellas, no solo en el tema religioso, sino en todos. Lutero seguramente se expresó con gran acierto cuando comparó a la humanidad con un borracho que, tras caerse del caballo por la derecha, la siguiente vez se cae por la izquierda. Estoy convencido de que quienes ven en la apocalíptica de Cristo la totalidad de su mensaje se equivocan. Pero nada desaparece —ni siquiera queda desacreditado— porque alguien haya hablado al respecto con exageración. Se mantiene justo donde estaba. La única diferencia es que si últimamente han exagerado sobre ese tema, ahora debemos tener especial cuidado de no pasarlo por alto; porque ese es el lado por el que ahora es más probable que caiga el borracho.

La misma denominación de «apocalíptica» asigna a las predicciones de nuestro Señor sobre la Segunda Venida una clase determinada. Hay otros ejemplos del género: el *Apocalipsis de Baruc*, el *Libro de Enoc* o la *Ascensión de Isaías*. Los cristianos están lejos de considerar que estos textos sean parte de las Sagradas Escrituras, y para el gusto moderno en su mayoría, el *género* parece tedioso y poco edificante. De ahí que surja la sensación de que las predicciones de nuestro Señor, al ser «más o menos lo mismo», están desacreditadas. La acusación puede formularse de forma más dura o más suave. La forma más dura sería, en boca de un ateo, algo así: «Ya ve que, después de todo, su cacareado Jesús era en realidad el mismo tipo de chiflado o charlatán que todos esos escritores de género apocalíptico». La más suave, en boca probablemente de un modernista, diría: «Todo gran hombre es en parte de su época y en parte para todos los tiempos. Lo que importa de su obra es lo que trasciende a su época, no lo que compartió con un millar de contemporáneos olvidados. Valoramos a Shakespeare por la gloria de su lenguaje y su conocimiento del corazón humano, que eran suyos; no por su creencia en las brujas o en el derecho divino de los reyes, ni por no bañarse a diario. Lo mismo ocurre con Jesús. Su creencia en un final de la historia inminente y catastrófico no es algo suyo como gran maestro, sino como campesino palestino del siglo I. Esa era una de sus inevitables limitaciones, que vale más olvidar. Debemos centrarnos en lo que le distinguía de otros campesinos palestinos del siglo I, en su enseñanza moral y social».

Como argumento contra la realidad de la Segunda Venida, me parece que elude la cuestión. Cuando en la enseñanza de un gran hombre nos proponemos ignorar aquellas doctrinas que tiene en común con el pensamiento de su época, parece que estamos dando por sentado que el pensamiento de su época estaba equivocado. Cuando escogemos para considerarla con seriedad aquellas doctrinas que «trascienden» el pensamiento de su época y que son «para todos los tiempos», estamos dando por sentado que el pensamiento de *nuestra* época es el correcto: claro está, cuando hablamos de pensamientos que trascienden la época del gran hombre nos referimos en realidad a pensamientos que concuerdan con los nuestros. Así, valoro más de Shakespeare el retrato que hace de la transformación del viejo Lear que sus opiniones sobre el derecho divino de los reyes, porque estoy de acuerdo con él en cuanto a la posibilidad del hombre de purificarse mediante el sufrimiento, como Lear, pero no creo que los reyes (ni ningún otro gobernante) ostenten un derecho divino. Cuando las opiniones del gran hombre nos parecen acertadas, no las menospreciamos porque pensaran también así sus contemporáneos. Ni el desdén de Shakespeare por la traición ni la bendición de Cristo hacia los pobres eran ajenos a la perspectiva de sus respectivas épocas; pero nadie querrá desacreditar por eso tales valores. Nadie rechazaría la apocalíptica de Cristo sobre la base de que era un género común en la Palestina del siglo I, a menos que ya hubiera decidido que el pensamiento de la Palestina del siglo I era erróneo en ese aspecto. Pero tomar una decisión en ese sentido es seguramente una manera de eludir la cuestión; porque la cuestión es si la expectativa de un final catastrófico y ordenado por Dios del universo actual es verdadera o falsa.

Si tenemos una mente abierta en este punto, cambia todo el problema. Si tal final va a producirse, y si (como es el caso) los judíos habían sido formados por su religión para esperarlo, entonces es muy natural que produzcan literatura apocalíptica. Desde ese punto de vista, que nuestro Señor produjera algo parecido a los otros documentos apocalípticos no sería necesariamente un fruto de su supuesta servidumbre a los errores de su época, sino el aprovechamiento divino de un elemento sólido del judaísmo de su tiempo: es más, el tiempo y el lugar en los que le complació encarnarse habrían sido, presumiblemente, elegidos porque en ese tiempo y lugar existía ese elemento que, por su providencia eterna, había sido desarrollado para ese mismo propósito. Pues si una vez aceptamos la doctrina de la encarnación, sin duda debemos ser muy cautos a la hora de sugerir que cualquier circunstancia de la cultura de la Palestina del siglo I fuera una influencia que perjudicara o distorsionara su enseñanza. ¿Suponemos que el escenario de la vida terrenal de Dios fue seleccionado al azar, que algún otro escenario hubiera servido mejor?

Pero lo peor está por llegar. «Digan lo que quieran 5nos responderán5, está demostrado que las creencias apocalípticas de los primeros cristianos eran falsas. Del Nuevo Testamento se desprende claramente que todos ellos esperaban presenciar la Segunda Venida en vida. Y, lo que es peor, tenían una razón, y una que le resultará muy embarazosa. Su Maestro se lo había dicho así. Él compartió, y de hecho creó, su esperanza ilusoria. Dijo de varias maneras: "No pasará esta generación hasta que todo esto acontezca". Y se equivocó. Está claro que no sabía más que cualquier otro sobre el fin del mundo».

Ese es sin duda el versículo más embarazoso de la Biblia. Pero menuda broma, también, que entre sus palabras venga la declaración «Pero de aquel día o de aquella hora, nadie sabe, ni los ángeles en el cielo, ni el Hijo, sino sólo el Padre». La única manifestación visible de error y la única confesión de ignorancia aparecen de la mano. No creo que podamos poner en duda que se pronunciaron así en boca del propio Jesús, y que no las colocó así el narrador. De no ser absolutamente honesto, el narrador nunca habría registrado la confesión de ignorancia; no podría haber tenido otro motivo para hacerlo que el deseo de decir toda la verdad. Y de no ser igualmente honestos, los copistas posteriores nunca habrían conservado la predicción (aparentemente) errónea sobre «esta generación» después de que el paso del tiempo hubiera mostrado el (aparente) error. Este pasaje (Mr 13:30-32) y el grito «¿Por qué me has desamparado?» (Mr 15:34) constituyen la prueba más contundente de que el Nuevo Testamento es históricamente fiable. Los evangelistas tienen la primera gran característica propia de los testigos honestos: mencionan hechos que son, a primera vista, perjudiciales para su argumento principal.

Los hechos, pues, son estos: Jesús se declaró (en cierto sentido) ignorante de algo, y al cabo de un instante demostró que realmente lo era. Si uno cree en la encarnación, que Él es Dios, cuesta entender cómo podría ser ignorante de algo; pero también establece la seguridad de que, si dijo que podía ignorar algo, entonces así podría ser en realidad. Porque un Dios que puede ignorar algo es menos desconcertante que un Dios que declara, con falsedad, su ignorancia. La respuesta de los teólogos es que el Dios-Hombre era omnisciente como Dios e ignorante como Hombre. Esto, sin duda, es cierto, aunque inimaginable para nuestro pensamiento. Tampoco cabe imaginar la inconsciencia de Cristo en el sueño, ni la luz atenuada de la razón en su niñez; menos aún su vida meramente orgánica en el vientre de su madre. Pero las ciencias físicas, no menos que la teología, nos proponen creer muchas cosas que nos resulta imposible imaginar.

Una generación que ha aceptado la curvatura del espacio no tiene por qué aturdirse ante la imposibilidad de imaginar la consciencia de Dios encarnado. En esa consciencia se unían lo temporal y lo atemporal. Creo que podemos aceptar el misterio en ese punto, siempre que no lo agravemos con nuestra tendencia a imaginar la vida atemporal de Dios como simplemente otro tipo de tiempo. Cometemos tal craso error cada vez que preguntamos cómo Cristo pudo ser *al mismo tiempo* ignorante y omnisciente, o cómo pudo ser, *mientras* dormía, el Dios que «no dormirá ni se adormecerá». Las palabras en cursiva ocultan un intento de establecer una relación temporal entre su vida atemporal como Dios y los días, meses y años de su vida como hombre.

Por supuesto, tal relación no existe. La encarnación no es un episodio en la vida de Dios: el Cordero es inmolado —y por tanto cabe deducir que es nacido, crecido hasta la madurez y resucitado— desde toda la eternidad. La asunción de la naturaleza humana en la naturaleza de Dios, con todas las ignorancias y limitaciones de la primera, no es en sí misma un acontecimiento temporal, aunque la naturaleza humana así asumida era, como la nuestra, algo que vive y muere en el tiempo. Y si de este modo asumió la limitación, y por tanto la ignorancia, deberíamos esperar que la ignorancia se manifestara realmente en algún momento. Sería difícil, y para mí repelente, suponer que Jesús nunca hizo una pregunta genuina, es decir, una de la que no supiera la respuesta. Eso haría que su humanidad fuera tan distinta de la nuestra que apenas merecería ese nombre. Me resulta más fácil creer que cuando dijo «¿Quién me ha tocado?» (Lc 7:45), realmente quería saberlo.

Las dificultades que he expuesto hasta ahora son, hasta cierto punto, cuestiones para el debate. Tienden más bien a reforzar una incredulidad ya basada en otros motivos, y no tanto a crear incredulidad por las dificultades en sí. Ahora llegamos a algo mucho más importante y de lo que a menudo somos menos conscientes. La doctrina de la Segunda Venida es profundamente incompatible con todo el carácter evolutivo o de desarrollo del pensamiento moderno. Se nos ha enseñado a pensar en el mundo como algo que crece lentamente hacia la perfección, algo que «progresa» o «evoluciona». El cristianismo apocalíptico no nos ofrece esa esperanza. Ni siquiera predice (lo que sería más tolerable para nuestros hábitos de pensamiento) una decadencia gradual. Predice un final repentino y violento, impuesto desde el exterior; un soplo que apaga la vela, un ladrillo que cae sobre el tocadiscos, una cortina que se desploma en el acto. «¡Alto!».

A esta objeción tan arraigada solo puedo responder que, en mi opinión, la concepción moderna del Progreso o la Evolución (tal y como se imagina a nivel popular) es simplemente un mito, sin ningún respaldo de evidencias.

He dicho «la evolución, tal y como se imagina a nivel popular». No me preocupa lo más mínimo refutar el darwinismo como teoría biológica. Tal vez tenga sus fallos, pero aquí no me refiero en absoluto a eso. Tal vez haya indicios de que los biólogos estén contemplando dejar la postura darwinista, pero no pretendo ser juez de tales indicios. Incluso se puede argumentar que lo que Darwin realmente explicaba no era el origen, sino la eliminación, de las especies, pero no desarrollaré ese argumento. A efectos de este artículo, parto de la base de que la biología darwinista es correcta. Lo que quiero señalar es la transición ilegítima de la teoría darwinista de la biología al mito moderno del evolucionismo o del desarrollismo o del progreso en general. Lo primero que hay que observar es que el mito surgió antes que la teoría, antes que todas las pruebas. Hay dos grandes obras de arte que encarnan la idea de un universo en el que, por alguna necesidad inherente, lo «superior» siempre supera a lo «inferior». Una es el *Hyperion* de Keats y la otra es *El anillo del nibelungo* de Wagner. Y ambas son anteriores a *El origen de las especies*. No cabe expresión más clara de la idea desarrollista o de progreso constante que las palabras de Oceanus:

> *Es ley eterna*
> *que el primero en belleza sea el primero en poderío.*

Y no cabe una sumisión más ardiente a ella que esas palabras con las que Wagner describe su tetralogía.

> El progreso de todo el poema, por tanto [escribe a Röckel en 1854], muestra la necesidad de reconocer y someterse al cambio, la diversidad, la multiplicidad y la eterna novedad de lo Real. Wotan se eleva a las alturas trágicas del deseo de su propia perdición. Esto es todo lo que tenemos que aprender de la historia del hombre: querer lo Necesario, y nosotros mismos llevarlo a cabo. La obra creadora que esta voluntad más elevada y abnegada acaba realizando es el hombre sin miedo y con amor sin fin, Sigfrido.[1]

---

1. «*Der Fortgang des ganzen Gedichtes zeigt demnach die Notwendigkeit, den Wechsel, die Mannigfaltigkeit, die Vielheit, die ewige Neuheit der Wirklichkeit und des Lebens anzuerkennen und ihr zu weichen. Wotan schwingt sich bis zu der tragischen Höhe, seinen Untergang zu wollen. Dies ist alles, was wir aus der Geschichte der Menscheit zu lernen haben: das Notwendige zu wollen und selbst zu vollbringen. Das Schöpfungswerk dieses höchsten, selbst vernichtenden Willens ist der endlich gewonnene furchtlose, stets liebende Mensch; Siegfried*».
Una investigación más profunda de los orígenes de este poderoso mito nos llevaría a los idealistas alemanes y de ahí (como he oído sugerir), a través de Boehme, de vuelta a la Alquimia. ¿Será posible que toda la visión dialéctica de la historia sea una gigantesca proyección del viejo sueño de poder fabricar oro?

Por tanto, la idea de que el mito (tan potente en todo el pensamiento moderno) es un resultado de la biología de Darwin parece poco histórica. Al contrario, el atractivo del darwinismo estaba en que le daba a un mito preexistente las seguridades científicas que necesitaba. Si no hubiera habido pruebas de la evolución, habría sido necesario inventarlas. Las verdaderas fuentes del mito son en parte políticas. Este proyecta en la pantalla cósmica los sentimientos engendrados por el Período revolucionario.

En segundo lugar, debemos observar que el darwinismo no respalda la idea de que la selección natural, al obrar variaciones fortuitas, tenga una tendencia general a producir mejoras. La ilusión de que sí lo ha hecho proviene de limitar nuestra atención a unas pocas especies que (según algún criterio nuestro, posiblemente arbitrario) han cambiado a mejor. Así pues, el caballo ha mejorado en el sentido de que el *protohippos* nos resultaría menos útil que su descendiente moderno. El antropoide ha mejorado en el sentido de que ahora es lo que somos nosotros. Pero muchos de los cambios producidos por la evolución no se pueden considerar mejoras con ningún baremo. En la batalla, los seres humanos salvan la vida unas veces avanzando y otras retrocediendo. Así, en la batalla por la supervivencia, las especies se salvan a veces incrementando sus poderes, a veces deshaciéndose de ellos. En la historia de la biología no se ve ninguna ley general de progreso.

En tercer lugar, aunque la hubiera, no se deduciría —de hecho, es manifiestamente lo contrario— que exista ninguna ley de progreso en la historia ética, cultural y social. Nadie que observe la historia del mundo sin alguna idea preconcebida a favor del progreso podría encontrar en ella un gradiente constante en sentido ascendente. A menudo se producen avances en un campo determinado por un periodo limitado. Una escuela de alfarería o pintura, un esfuerzo moral en una dirección concreta, un arte práctico como la sanidad o la construcción naval, pueden progresar de forma continuada a lo largo de varios años. Si este proceso pudiera extenderse a todos los departamentos de la vida y continuar indefinidamente, habría un «Progreso» del tipo en el que creían nuestros padres. Pero parece que nunca es así. El proceso o bien se interrumpe (por una irrupción bárbara o por la infiltración aún menos resistible del industrialismo moderno) o bien, lo que es más misterioso, decae. La idea que aquí excluye la Segunda Venida de nuestras mentes, la idea de que el mundo madura lentamente hacia la perfección, es un mito, no una generalización de la experiencia. Y es un mito que nos distrae de nuestros verdaderos deberes y de lo que es nuestro verdadero interés. Se trata de nuestro intento de adivinar la trama de una obra de teatro en la que nosotros somos los personajes. Pero ¿cómo pueden los personajes de una obra adivinar la trama? No somos el dramaturgo, no somos el productor, ni siquiera somos el público. Estamos en el escenario. Interpretar bien las escenas en las que intervenimos nos concierne mucho más que adivinar las escenas que le siguen.

En *El Rey Lear* (III: vii) hay un personaje tan secundario que Shakespeare ni siquiera le ha dado un nombre: es simplemente el «primer sirviente». Todos los personajes que lo rodean —Regan, Cornwall y Edmund— tienen buenos planes a largo plazo. Creen que saben cómo va a terminar la historia y están bastante equivocados. El sirviente no tiene tales engaños. No tiene ni idea de cómo va a ir la obra. Pero comprende la escena en que está. Se da cuenta de que está sucediendo una abominación (la ceguera del viejo Gloucester). No lo soportará. Su espada está desenfundada y apunta al pecho de su amo en un momento: luego Regan lo apuñala por detrás. Esa es toda su parte: ocho líneas en total. Pero si fuera alguien de la vida real y no un personaje de una obra de teatro, esa es la parte que mejor valdría haber interpretado. La doctrina de la Segunda Venida nos enseña que no sabemos ni podemos saber cuándo terminará el drama del mundo. El telón puede caer en cualquier momento: por ejemplo, antes de que hayas terminado de leer este párrafo. A algunas personas esto les parece intolerablemente frustrante. Se interrumpirían muchas cosas. Tal vez planeas casarte el mes que viene, tal vez vayas a recibir un aumento de sueldo la semana próxima: puede que estés a punto de hacer un gran descubrimiento científico; quizás estés gestando grandes reformas sociales y políticas. Desde luego, ningún Dios bueno y sabio sería tan poco razonable como para cortar todo esto de todos los momentos del tiempo, *ahora* no.

Pero pensamos así porque seguimos asumiendo que conocemos el guion. No lo conocemos. Ni siquiera sabemos si estamos en el Acto I o en el Acto V. No sabemos quiénes son los personajes principales y quiénes los secundarios. Lo sabe el autor. El público, si es que lo hay (si los ángeles y arcángeles y toda la compañía del cielo llenan el foso y el patio de butacas) puede tener una idea. Pero nosotros, que nunca vemos la obra desde fuera, que nunca conocemos a ningún personaje, salvo a la ínfima minoría que interviene en las mismas escenas que nosotros, que ignoramos por completo el futuro y tenemos una muy defectuosa información sobre el pasado, no podemos saber en qué momento debe llegar el final. Podemos estar seguros de que llegará cuando tenga que llegar, pero perdemos el tiempo si queremos adivinar cuándo será.

Podemos estar seguros de que tiene un significado, pero no podemos verlo. Cuando se acabe, puede que nos lo digan. Se nos lleva a esperar que el Autor tenga algo que decirnos a cada uno de nosotros sobre el papel que cada uno ha representado. Lo que importa por encima de todo es actuar bien.

La doctrina de la Segunda Venida, por tanto, no debe ser rechazada porque entre en conflicto con nuestra mitología moderna favorita. Es por esa misma razón por lo que debe ser más valorada y puesta cada vez más como tema que meditar. Es la medicina que nuestra condición más necesita.

Dicho esto, paso a lo práctico. Existe una dificultad real para darle a esta doctrina el lugar que merece en nuestra vida cristiana sin correr, al mismo tiempo, un cierto riesgo. El miedo a ese riesgo disuade probablemente a muchos profesores que aceptan la doctrina para que no hablen mucho de ella.

Debemos admitir antes que nada que esta doctrina ha llevado a los cristianos a cometer grandes locuras en el pasado. Al parecer, a muchos les resulta difícil creer en este gran acontecimiento sin tratar de adivinar su fecha, o incluso sin aceptar como una certeza la fecha que les ofrece cualquier curandero o histérico. Para escribir la historia de todas estas detalladas predicciones se necesitaría un libro, y sería un libro triste, sórdido y tragicómico. Una de estas predicciones ya circulaba cuando san Pablo escribió su segunda carta a los tesalonicenses. Alguien les había dicho que «el Día» estaba «cerca». Al parecer, esto estaba teniendo el resultado que suelen tener estas predicciones: la gente estaba ociosa y entrometiéndose en lo ajeno. Una de las predicciones más famosas fue la del pobre William Miller en 1843. Miller (que me parece un fanático sincero) predijo el año, el día y el minuto de la Segunda Venida. Un oportuno cometa fomentó el engaño. Miles de personas esperaron al Señor en la medianoche del 21 de marzo, y volvieron a casa para un desayuno tardío el 22, acompañados por las burlas de algún borracho.

Por supuesto, nadie desea decir nada que despierte esa histeria colectiva. No debemos hablarle a la gente sencilla y entusiasmada sobre «el Día» sin subrayar una y otra vez la absoluta imposibilidad de predecirlo. Debemos tratar de mostrarles que esa imposibilidad es una parte esencial de la doctrina. Si usted no cree en las palabras de nuestro Señor, ¿por qué cree que Él regresará? Y si las cree, ¿por qué no destierra por completo y para siempre cualquier esperanza de adivinar ese regreso? El Señor nos enseñó claramente tres proposiciones: (1) que ciertamente regresará. (2) Que no podemos saber cuándo. (3) Que, por tanto, debemos estar siempre preparados para él.

Nótese el *por tanto*. Precisamente porque no podemos predecir el momento, debemos estar preparados en todo momento. Nuestro Señor repitió esta conclusión práctica una y otra vez; como si la promesa de su retorno se hubiera dado solo por esta conclusión. «Velad» es el peso de su consejo. Vendré como un ladrón. No podrán, les aseguro seriamente, no me verán acercarme. Si el amo de casa hubiera sabido a qué hora llegaría el ladrón, habría estado listo para él. Si el criado hubiera sabido cuándo volvería a casa su patrón ausente, no lo habrían encontrado borracho en la cocina. Pero no lo supieron. Usted tampoco lo sabrá. Por eso debe estar preparado en todo momento. Sin duda, el argumento es bastante sencillo. El estudiante no sabe qué parte de su lección de Virgilio se le hará traducir: por eso debe estar preparado para traducir *cualquier* pasaje. El centinela no sabe a qué hora atacará un enemigo, o un oficial inspeccionará su puesto: por eso debe permanecer despierto *todo* el tiempo. El retorno es completamente impredecible. Habrá guerras y rumores de guerra y todo tipo de catástrofes, como siempre las ha habido. Las cosas serán, en ese sentido, normales, en la hora previa a que los cielos se enrollen como un pergamino. No puede adivinarlo. Si pudiera, se frustraría uno de los principales propósitos para los que se predijo. Y los propósitos de Dios no se frustran tan fácilmente. Hay que cerrar los oídos de antemano ante cualquier futuro William Miller. La locura de escucharlo es casi igual a la de creerlo. *No podría* saber lo que pretende, o cree, saber.

Sobre esta locura ha escrito acertadamente George MacDonald: «¿Acaso los que dicen: "Aquí o allá están las señales de su venida", creen que están muy entusiasmados con él y están atentos a su venida? Cuando Dios les dice que velen para no ser hallados descuidando su trabajo, miran de un lado a otro, vigilan para que no venga como un ladrón. La obediencia es la única clave de la vida».

La doctrina de la Segunda Venida ha fracasado, en lo que a nosotros respecta, si no nos hace darnos cuenta de que en cada momento de cada año de nuestras vidas aún sigue vigente la pregunta de Donne: «¿Y si esta fuera la última noche del mundo?».

A veces, esta pregunta ha sido planteada a nuestras mentes con el propósito de crear miedo. No creo que ese sea su uso correcto. Estoy, en verdad, lejos de coincidir con aquellos que piensan que todos los religiosos temen a los bárbaros y los humillan y exigen que sean desterrados de la vida espiritual. El amor perfecto, esto lo sabemos, echa fuera el temor. Pero también lo hacen varias otras cosas: la ignorancia, el alcohol, la pasión, la presunción y la estupidez. Es muy deseable que todos avancemos hacia esa perfección del amor en la que ya no temeremos; pero es muy indeseable, hasta que hayamos alcanzado esa etapa, que permitamos que cualquier agente inferior expulse nuestro temor. La objeción a cualquier intento de perpetua inquietud acerca de la Segunda Venida es, en mi opinión, muy diferente: a saber, que no tendrá éxito. El miedo es una emoción: y es absolutamente imposible —incluso físicamente imposible— mantener una emoción por mucho tiempo. Una excitación perpetua de la esperanza sobre la Segunda Venida es imposible por esa misma razón. El sentimiento de crisis de cualquier clase es básicamente temporal. Los sentimientos van y vienen, y cuando llegan se les puede dar un buen uso: pero no pueden ser nuestra dieta espiritual habitual.

Lo importante no es que temamos (o esperemos) siempre el Fin, sino que siempre lo recordemos, siempre lo tomemos en cuenta. Aquí puede servirnos una analogía. Un hombre de setenta años no tiene por qué estar siempre sintiendo (y mucho menos hablando) de su muerte: pero un hombre de setenta años sabio debe tenerla siempre en cuenta. Sería insensato embarcarse en planes que presupongan veinte años más de vida: sería una insensatez criminal no hacer —de hecho, no haber hecho tiempo atrás— su testamento. Ahora bien, lo que la muerte es para cada hombre, la Segunda Venida lo es para toda la raza humana. Todos creemos, supongo, que un hombre no debe aferrarse a su vida, debe recordar lo corta, precaria, temporal y provisional que es; no debe entregarle todo su corazón a algo que terminará cuando su vida acabe. Lo que a los cristianos modernos les cuesta recordar es que toda la vida de la humanidad en este mundo es también precaria, temporal, provisional.

Cualquier moralista te dirá que el triunfo personal de un deportista o de una joven en un baile es transitorio: lo que cuenta es recordar que un imperio o una civilización también lo son. Todos los logros y triunfos, en la medida en que sean meramente logros y triunfos de este mundo, se quedarán en nada al final. La mayoría de los científicos están de acuerdo con los teólogos: la Tierra no será habitable siempre. La humanidad, aunque más longeva que los hombres particulares, es igualmente mortal. La diferencia es que, mientras que los científicos esperan una lenta decadencia desde dentro, nosotros contamos con una interrupción repentina desde fuera, en cualquier momento. («¿Y si esta fuera la última noche del mundo?»).

Tomadas de forma aislada, podría parecer que estas consideraciones invitan a relajar nuestros esfuerzos por el bien de la posteridad: pero, si recordamos que lo que puede esperarnos en cualquier momento no es simplemente un Fin, sino un Juicio, no deberían tener tal resultado. Pueden, y deben, corregir la tendencia de alguna gente de hoy a hablar como si los deberes con la posteridad fueran los únicos que tenemos. No puedo imaginar a ningún hombre que mire con más horror el Fin que un revolucionario convencido que, en cierto sentido, ha estado justificando las crueldades e injusticias infligidas a millones de sus contemporáneos por los beneficios que espera dejar a las generaciones futuras: generaciones que, como le revela ahora un momento terrible, nunca iban a existir. Entonces verá que las masacres, los juicios amañados, las deportaciones, son realidades imborrables, una parte esencial, su parte, en el drama que acaba de terminar: mientras que la futura Utopía nunca había sido más que una fantasía.

La reflexión de que «esta» podría ser «la última noche del mundo» desalienta la administración frenética de panaceas; no así el trabajo sobrio para el futuro, dentro de los límites de la moralidad y la prudencia ordinarias. Porque lo que viene es el Juicio: bienaventurados aquellos a los que encuentra trabajando en su llamado, ya sea simplemente salir a dar de comer a los cerdos o hacer buenos planes para liberar a la humanidad de algún gran mal dentro de cien años. Efectivamente, el telón ya ha caído. Esos cerdos nunca serán alimentados, la gran campaña contra la trata de blancas o la tiranía gubernamental no alcanzará su victoria. No importa; estabas en tu puesto cuando llegó la Inspección.

Nuestros antepasados tenían la costumbre de usar la palabra «juicio» en este contexto como si simplemente significara «castigo»: de ahí la expresión popular «recibir el castigo». Creo que a veces podemos hacer que la cosa sea más evidente para nosotros al tomar el juicio en un sentido más estricto: no como una sentencia o fallo, sino como veredicto. Algún día («¿y si esta precisamente fuera la última noche del mundo?») se dictará un veredicto absolutamente correcto —si lo prefiere, una crítica perfecta— respecto a lo que somos cada uno de nosotros.

Todos nos hemos topado con juicios o veredictos respecto a nosotros mismos a lo largo de nuestra vida. De vez en cuando descubrimos lo que nuestro prójimo piensa realmente de nosotros. Por supuesto, no me refiero a lo que nos dicen a la cara: eso lo damos por descontado. Pienso en lo que a veces escuchamos por casualidad o de las opiniones sobre nosotros que nuestros vecinos, empleados o subalternos revelan inconscientemente en sus acciones; y en los juicios terribles, o amables, ingeniosamente traicioneros de niños o incluso de animales. Estos descubrimientos pueden ser las experiencias más amargas o dulces que tengamos. Pero, por supuesto, tanto lo amargo como lo dulce están limitados por nuestra duda en cuanto a la sabiduría de quienes juzgan. Siempre esperamos que aquellos que tan claramente nos consideran cobardes o jactanciosos sean ignorantes y maliciosos; siempre tememos que quienes confían en nosotros o nos admiran estén cegados por su subjetividad. Supongo que la experiencia del juicio final (que puede llegarnos en cualquier momento) será como estas pequeñas experiencias, pero elevadas al infinito.

Porque será un juicio infalible. Si es favorable, no tendremos miedo, si es desfavorable, no tendremos esperanza de que sea injusto. No solo creeremos, lo sabremos, sabremos sin lugar a duda en cada fibra de nuestro ser consternado o maravillado, que como ha dicho el Juez, así somos, ni más ni menos. Quizá incluso nos demos cuenta de que, de cierta manera diluida, podríamos haberlo sabido desde un principio. Lo sabremos y toda la creación lo sabrá también: nuestros antepasados, nuestros padres, nuestras esposas o maridos, nuestros hijos. La verdad incontestable y (para entonces) evidente respecto a cada uno será conocida por todos.

No me parece que las imágenes de una catástrofe física (aquella señal en las nubes, aquel cielo que desaparece como un pergamino que se enrolla) sean tan útiles como la idea patente del juicio. No siempre podemos estar alarmados. Quizá podamos prepararnos para preguntarnos cada vez más a menudo cómo se verá lo que estamos diciendo o haciendo (o dejando de hacer) en cada momento cuando aquella luz irresistible lo ilumine; esa luz que es tan diferente de la luz de este mundo y de la que, sin embargo, incluso ahora, sabemos lo suficiente de ella para tenerla en cuenta. Las mujeres tienen a veces el problema de intentar juzgar con luz artificial cómo quedará un vestido a la luz del día. Se parece mucho al problema de todos nosotros: vestir nuestras almas no para las luces eléctricas del mundo actual, sino para la luz del día del próximo. El buen atuendo es el que se enfrenta a esa luz. Pues esa luz durará más tiempo.

RELIGIÓN E INGENIERÍA ESPACIAL

EN MIS TIEMPOS he oído esgrimir en nombre de la ciencia dos argumentos muy diferentes contra mi religión. Cuando yo era joven, la gente solía decir que el universo no solo no era amigable para la vida, sino manifiestamente hostil hacia ella. La vida había aparecido en este planeta por una casualidad de posibilidades infinitesimales, como si en un momento dado se hubiera producido una ruptura de las elaboradas defensas que de forma general se imponían contra ella. Sería precipitado suponer que una excepción como esta se hubiera producido más de una vez. Probablemente la vida fue una anormalidad exclusiva de la Tierra. Estábamos solos en un desierto infinito. Eso demostraba lo absurdo de la idea cristiana de que exista un Creador interesado en las criaturas vivientes.

Pero entonces llegó el profesor F. B. Hoyle, el cosmólogo de Cambridge, y en unos quince días todos mis conocidos parecían haber decidido que el universo probablemente estaba bien provisto de orbes habitables y de animales vivos para habitarlos. Lo cual acaba de demostrar (con igual contundencia) lo absurdo del cristianismo con su estrecha idea de que el hombre puede ser importante para Dios.

Es una advertencia de lo que podemos esperar si algún día descubrimos vida animal (la vegetal no cuenta) en otro planeta. A cada nuevo descubrimiento, incluso a cada nueva teoría, se le atribuyen de inicio las más amplias consecuencias teológicas y filosóficas. Los no creyentes lo aprovechan como fundamento para un nuevo ataque al cristianismo; a menudo, y lo que es más embarazoso, algunos creyentes imprudentes lo usan como base para una nueva defensa de su parte.

Pero lo normal es que, cuando el alboroto popular se ha calmado y los teólogos, científicos y filósofos de verdad han rumiado la novedad, ambas partes se encuentran más o menos donde estaban antes. Lo mismo ocurrió con la astronomía copernicana, con el darwinismo, con la crítica bíblica, con la nueva psicología. Lo mismo ocurrirá, no puedo evitar esperarlo, con el descubrimiento de «vida en otros planetas», si es que llega a producirse.

La supuesta amenaza apunta claramente a la doctrina de la encarnación, la creencia de que Dios «por nosotros los hombres y por nuestra salvación bajó del cielo y [...] se hizo hombre». ¿Por qué por nosotros los hombres por encima de los demás? Si no somos más que una entre un millón de especies, dispersas por un millón de planetas, ¿cómo podemos creer, sin caer en una ridícula arrogancia, que hemos sido tan especialmente favorecidos? Admito que la cuestión podría adquirir dimensiones formidables. De hecho, las alcanzará cuando conozcamos, si se da el caso, la respuesta a otras cinco preguntas.

1. ¿Existen animales en algún lugar que no sea en la Tierra? No lo sabemos. No sabemos si alguna vez lo sabremos.

2. Suponiendo que los hubiera, ¿alguno de estos animales posee lo que llamamos «alma racional»? Con ello me refiero no solo a la facultad de abstracción y cálculo, sino a la aprehensión de valores, al poder de entender por «bueno» algo más que «bueno para mí» o incluso «bueno para mi especie». Si en lugar de preguntar: «¿Tienen alma racional?», ustedes preferieran preguntar: «¿Son animales espirituales?», creo que ambos querríamos decir más o menos lo mismo. Si la respuesta a cualquiera de las dos preguntas fuera *No*, entonces, por supuesto, no sería nada extraño que nuestra especie fuera tratada de forma diferente a la de ellos.

No tendría sentido ofrecer a una criatura, por muy inteligente o amable que fuera, un regalo que por su naturaleza no fuera capaz de desear o de recibir. Enseñamos a leer a nuestros hijos, pero no a nuestros perros. Los perros prefieren los huesos. Y, claro está, como aún no sabemos si existen animales extraterrestres, estamos muy lejos de saber si son racionales (o «espirituales»).

Aun si los conociéramos, no nos resultaría tan fácil decidirnos. Creo que puedo imaginarme criaturas tan inteligentes que pudieran hablar, aunque, desde el punto de vista teológico, fueran en realidad solo animales, capaces de perseguir o disfrutar únicamente de fines naturales. Uno se encuentra con seres humanos —del tipo urbano mecanicista y materialista— que *parecen* no ser más que esas criaturas. Como cristianos, debemos creer que las apariencias engañan; en algún lugar bajo esa superficie simplista se agazapa, aunque atrofiada, un alma humana. Pero en otros mundos puede haber cosas que realmente sean lo que parecen. Por el contrario, podría haber criaturas genuinamente espirituales, cuyas facultades manufactureras y de pensamiento abstracto fueran tan escasas que las confundiéramos con meros animales. ¡Dios los guarde de nosotros!

3. Si existen especies, y especies racionales, distintas del hombre, ¿son alguna o todas ellas, como nosotros, caídas? Este es el punto que los no cristianos siempre parecen olvidar. Parecen pensar que la Encarnación implica algún mérito o excelencia particular de la humanidad. Pero, por supuesto, implica justo lo contrario: un particular demérito y depravación. Ninguna criatura que mereciera la Redención necesitaría ser redimida. Los sanos no tienen necesidad de médico. Cristo murió por los hombres precisamente porque *no* son dignos de que se muera por ellos; para hacerlos dignos de ello. Observen las aguas de hipótesis sin base alguna en las que estos críticos del cristianismo quieren que nademos. Ahora mismo estamos especulando sobre la caída de criaturas hipotéticamente racionales ¡cuya mera existencia es hipotética!

4. Si todas ellas (y seguramente «todas» es una posibilidad remota) o alguna de ellas son especies caídas, ¿tienen negada la Redención por la Encarnación y la Pasión de Cristo? Porque, por supuesto,

no es una idea muy nueva que el Hijo eterno pueda, por lo que sabemos, haberse encarnado en otros mundos aparte de la Tierra y haber salvado así a otras razas aparte de la nuestra. Como escribió Alice Meynell en «Cristo en el universo»:

> *... en las eternidades*
> *sin duda compararemos, oiremos*
> *un millón de evangelios de otros mundos, con los que*
> *recorrió las Pléyades, la Lira, la Osa.*

Yo no me atrevería a decir «sin duda». Quizá de todas las razas solo cayó la *nuestra*. Tal vez el Hombre sea la única oveja perdida; aquella, por tanto, a la que el Pastor vino a buscar. O quizás... pero esto nos lleva a la siguiente ola de suposiciones. Es la más grande hasta ahora y nos dejará boquiabiertos, pero a mí me apetece dar unas volteretas en las olas.

5. Si conociéramos (cosa que no hacemos) las respuestas a 1, 2 y 3 —y, además, supiéramos que la Redención por medio de una Encarnación y una Pasión les ha sido negada a las criaturas que la necesitan—, ¿seguro que este es el único modo de Redención posible? Aquí, por supuesto, preguntamos por lo que no es meramente desconocido, sino, a menos que Dios lo revele, totalmente incognoscible. Es probable que cuanto más se nos permitiera echar una mirada al seno de su consejo, con más claridad entenderíamos que es de esa manera —por el nacimiento en Belén, la cruz en el Calvario y la tumba vacía— y no de otra como se podía rescatar a una raza caída. Puede que haya una necesidad para que así sea, una necesidad insuperable, arraigada en la propia naturaleza de Dios y en la del pecado. Pero no lo sabemos. En cualquier caso, yo no lo sé. En mundos diferentes, las condiciones tanto espirituales como físicas pueden diferir sensiblemente. Puede haber diferentes tipos y grados de caída. Sin duda debemos creer que la caridad divina es tan fértil en recursos como sobreabundante en condescendencia. A diferentes enfermedades, o incluso a diferentes pacientes con la misma enfermedad,

el gran Médico puede haber aplicado diferentes remedios; remedios que probablemente no reconoceríamos como tales aunque hubiéramos oído hablar de ellos.

Podría resultar que la redención de otras especies fuera diferente de la nuestra al obrar a través de la nuestra. San Pablo nos da algunos indicios sobre esto (Ro 8:19-23) cuando dice que toda la creación gime a una y espera ser liberada de algún tipo de esclavitud, y que esa liberación solo se producirá cuando nosotros, los cristianos, entremos de lleno en nuestra relacion de hijos con Dios y ejerzamos nuestra «libertad gloriosa».

A nivel consciente, creo que el apóstol solo pensaba en nuestro mundo: en la vida animal, y probablemente vegetal, de la Tierra siendo «renovada» o glorificada en la manifestación de la gloria del hombre en Cristo. Pero quizá sea posible —si no necesario— dar a sus palabras un significado cósmico. Puede que la Redención, empezando por nosotros, deba obrar a partir de nosotros y a través de nosotros.

Sin duda, esto otorgaría al hombre una posición clave. Pero dicha posición no tiene por qué implicar ninguna superioridad en nosotros ni ningún favoritismo por parte de Dios. Un general, cuando decide dónde iniciar su ataque, no selecciona el paisaje más bello, el campo más fértil ni el pueblo más atractivo. Cristo no nació en un establo porque este fuera, como tal, el lugar más conveniente o distinguido para una maternidad.

Solo si tuviéramos alguna función de este tipo, cualquier contacto entre nosotros y esas razas desconocidas no sería una calamidad. Hablaríamos de otra cosa si no hubiéramos caído. Esto le hace a uno soñar: intercambiar ideas con seres cuyo pensamiento tuviera un trasfondo orgánico totalmente distinto del nuestro (otros sentidos, otros apetitos), dejarse humillar sin envidia por intelectos posiblemente superiores al nuestro, pero capaces por eso mismo de ponerse a nuestro nivel, ponernos nosotros amorosamente al suyo si nos encontramos con criaturas inocentes e infantiles que nunca podrían ser tan fuertes ni tan inteligentes como nosotros, intercambiar con los habitantes de otros mundos ese afecto especialmente vivo y rico que existe entre los distintos; es un sueño glorioso. Pero no se equivoquen. Es un sueño. Somos seres caídos.

Sabemos lo que nuestra raza hace a los extraños. El ser humano destruye o esclaviza a todas las especies que puede. El hombre civilizado asesina, esclaviza, engaña y corrompe al salvaje. Incluso convierte a la naturaleza inanimada en recipientes de polvo y escoria. Hay individuos que no. Pero tales individuos no tienen el perfil de los que probablemente serán nuestros pioneros en el espacio. Nuestro embajador en nuevos mundos será el aventurero necesitado y codicioso o el despiadado experto técnico. Ellos harán lo que su especie siempre ha hecho. El hombre de raza negra y el piel roja pueden contarnos lo que pasará si se encuentran con algo más débil que ellos. Si se encuentran con algo más fuerte, serán, muy convenientemente, destruidos.

Es interesante preguntarse cómo irían las cosas si se encontraran con una raza no caída. Al principio, sin duda, se lo pasarían en grande burlándose, embaucándolos y aprovechándose de su inocencia; pero dudo que nuestra astucia medio animal fuera rival por mucho tiempo ante la sabiduría divina, el valor desinteresado y la unanimidad perfecta.

Por tanto, yo temo los problemas prácticos, no los teóricos, que surgirán si alguna vez nos encontramos con criaturas racionales que no sean humanas. Contra ellos cometeremos, si podemos, todos los crímenes que ya hemos cometido contra criaturas humanas que simplemente difieren de nosotros en rasgos y pigmentación; y el cielo estrellado pasará a ser algo a lo que los hombres de bien solo podrán mirar con un insoportable sentimiento de culpa, con una dolorosa lástima y una vergüenza consumidora.

Por supuesto, tras el primer desenfreno explotador probaríamos algún intento tardío de hacerlo mejor. Tal vez enviemos misioneros. Pero ¿se puede confiar incluso en los misioneros? En el pasado hemos conocido la horrenda combinación de «los cañones y el evangelio». El santo deseo del misionero de salvar almas no siempre ha mantenido una clara distancia con el arrogante deseo, el prurito intrusivo, de (como él lo llama) «civilizar» a los (como él los llama) «nativos». ¿Reconocerían todos nuestros misioneros una raza no caída si se encontraran con ella? ¿Podrían? ¿Seguirían intentando aplicar a criaturas que no necesitaran ser salvadas ese plan de salvación que Dios ha designado para el ser humano? ¿Denunciarían como pecados meras diferencias de conducta que la historia espiritual y biológica de estas extrañas criaturas justificaría plenamente y que Dios mismo habría bendecido? ¿Intentarían enseñar a aquellos de los que es mejor aprender? No lo sé.

Lo que sí sé es que aquí y ahora, como única preparación práctica posible para dicho encuentro, usted y yo debemos decidir mantener una posición firme contra toda explotación y todo imperialismo teológico. No será divertido. Nos llamarán traidores a nuestra especie. Seremos odiados por casi todos; incluso por algunos religiosos. Y no debemos ceder ni un milímetro. Probablemente fracasaremos, pero debemos caer luchando por el bando correcto. Nuestra lealtad no se la debemos a nuestra especie, sino a Dios. Aquellos que son, o pueden llegar a ser, sus hijos, son nuestros verdaderos hermanos, aunque tengan caparazones o colmillos. Lo que cuenta es el parentesco espiritual, no el biológico.

Pero demos gracias a Dios porque aún estamos muy lejos de viajar a otros mundos.

Yo ya me he preguntado alguna vez si las inmensas distancias astronómicas no serán precauciones de cuarentena de Dios. Estas impiden que se propague la infección espiritual de una especie caída. Y, por supuesto, también estamos muy lejos del supuesto problema teológico que podría plantear el contacto con otras especies racionales. Es posible que no existan. En la actualidad no hay el menor indicio de prueba empírica de su existencia. No tenemos más que lo que los lógicos llamarían argumentos de «probabilidad *a priori*», argumentos que empiezan con la fórmula «Es natural suponerlo», o «La analogía lo sugiere», o «¿No sería el colmo de la arrogancia descartar...»? Como lectura están muy bien. Pero ¿quién, salvo un ludópata, se juega en la vida ordinaria cinco dólares por algo así?

Y, como hemos visto, la mera existencia de estas criaturas no plantearía ningún problema. Después, seguimos necesitando saber si son de naturaleza caída; luego, si no han sido, o no serán, redimidas con el tipo de redención que conocemos; y después, si no hay algún otro modo posible de redención. Creo que un cristiano cuya fe no encuentra mayores problemas que estos fantasmas conjeturales es un cristiano bien establecido.

Si no recuerdo mal, san Agustín planteó una cuestión sobre la postura teológica ante los sátiros, los monópodos y otras criaturas semihumanas. Él decidió que podía esperar hasta que tuviéramos constancia de la existencia de alguno. Lo mismo podemos hacer nosotros.

«Pero supongamos —dice usted— que todas estas embarazosas suposiciones resultaran ser ciertas». Solo puedo dejar constancia de mi convicción de que no será así; una convicción que para mí se ha vuelto irresistible con el paso de los años. Una y otra vez, los cristianos y sus oponentes esperan que algún nuevo descubrimiento convierta las cuestiones de fe en cuestiones de conocimiento o bien las reduzca a absurdos evidentes. Pero eso nunca ha ocurrido.

Lo que creemos siempre se mantiene como algo intelectualmente posible; nunca se convierte en algo intelectualmente compulsivo. Mi idea es que cuando esto deje de ser así se acabará el mundo. Se nos ha advertido que todas las evidencias contra el cristianismo, evidencias que engañarían (si fuera posible) aun a los escogidos, aparecerán con el Anticristo.

Y después de eso habrá evidencias concluyentes del otro lado.

Pero se me antoja que no sucederá antes de eso, en ninguno de los dos lados.

LA EFICACIA DE LA ORACIÓN

HACE ALGUNOS AÑOS me levanté una mañana con la intención de cortarme el cabello para preparar una visita a Londres, y la primera carta que abrí me dejó claro que no tenía que ir a esa ciudad. Así que decidí aplazar también el corte de cabello. Pero entonces comenzó a sonar el más inexplicable regaño en mi mente, casi como una voz que decía: «Córtatelo igualmente. Ve a que te lo corten». Al final no pude aguantar más. Fui. Ahora bien, mi barbero de entonces era un colega cristiano y un hombre con muchos problemas al que mi hermano y yo habíamos podido ayudar en ocasiones. En cuanto abrí la puerta de su negocio me dijo: «Oh, estaba orando para que vinieras hoy». De hecho, si hubiera venido un día más tarde, no le habría servido de nada.

Eso me maravilló; me sigue maravillando. Pero, por supuesto, no se puede demostrar con rigor una conexión causal entre las oraciones del barbero y mi visita. Podría ser telepatía. Podría ser casualidad.

He estado junto a la cama de una mujer que tenía el fémur carcomido por el cáncer y con metástasis en muchos otros huesos. Hacían falta tres personas para moverla en la cama. Los médicos le pronosticaron unos meses de vida; las enfermeras (que a menudo saben más), unas semanas. Un buen hombre le impuso las manos y oró. Un año más tarde, la paciente estaba caminando (cuesta arriba, además, a través de un bosque tupido) y el hombre que tomó las últimas radiografías decía: «Estos huesos están sólidos como la roca. Es un milagro».

Pero, una vez más, en rigor, no hay pruebas concluyentes. La medicina, como admiten todos los verdaderos médicos, no es una ciencia exacta. No es necesario invocar lo sobrenatural para explicar el error de sus pronósticos. No es necesario, a menos que lo elijas, que creas en una conexión causal entre las oraciones y la recuperación.

Entonces surge la pregunta: «¿Qué tipo de pruebas demostrarían la eficacia de la oración?». Lo que pedimos en oración puede suceder, pero ¿cómo se puede saber que no iba a suceder de todos modos? Aunque el asunto fuera indiscutiblemente milagroso, no se deduce que el milagro hubiera ocurrido por sus oraciones. La respuesta es, sin duda, que nunca se podrá alcanzar una prueba empírica firme como la que tenemos en las ciencias.

Algunas cosas se demuestran por la sólida coherencia de nuestras experiencias. La ley de la gravedad se establece por el hecho de que, en nuestra experiencia, todos los cuerpos sin excepción la obedecen. Ahora bien, incluso si sucedieran todas las cosas por las que la gente oraba, lo cual no sucede, esto no probaría lo que los cristianos quieren decir con la eficacia de la oración. Porque la oración es un ruego. La esencia del ruego, a diferencia de la coacción, es que puede o no concederse. Y si un Ser infinitamente sabio escucha los ruegos de criaturas finitas y necias, por supuesto que unas veces los concederá y otras los rechazará. El invariable «éxito» en la oración no probaría en absoluto la doctrina cristiana. Demostraría algo mucho más parecido a la magia: un poder en ciertos seres humanos para controlar, u orientar, el curso de la naturaleza.

Sin duda, hay pasajes en el Nuevo Testamento que, a primera vista, aparentan prometer que se nos concederán siempre nuestras oraciones. Pero eso no puede ser lo que realmente quieren decir. Porque en la esencia misma del relato encontramos un ejemplo evidente de lo contrario. En Getsemaní, el más santo de todos los suplicantes rogó tres veces para que de él pasara cierta copa. No ocurrió. Así que podemos descartar aquella idea de que se nos recomienda la oración como una especie de truco infalible.

Otras cosas no se demuestran simplemente por la experiencia, sino por esas experiencias artificialmente elaboradas que llamamos experimentos. ¿Podría hacerse algo así con la oración? Pasaré por alto la objeción de que ningún cristiano podría participar en ese proyecto, porque lo tiene prohibido: «No debes intentar hacer experimentos con Dios, tu Señor». Prohibido o no, ¿es posible?

He sabido de la sugerencia de que un equipo de personas —cuantas más mejor— se pusiera de acuerdo para orar todo lo que sepa, durante un período de seis semanas, por todos los pacientes del hospital A y por ninguno de los del hospital B. Luego se sumarían los resultados y se vería si en el A hubo más curaciones y menos muertes. Y supongo que se repetiría el experimento en distintos momentos y lugares para eliminar la influencia de factores irrelevantes.

El problema es que no veo cómo se puede orar de verdad en esas condiciones. «Las palabras sin pensamientos nunca llegan al cielo», dice el Rey en Hamlet. Recitar oraciones no es orar; de lo contrario, un equipo de loros debidamente entrenados serviría tan bien como los seres humanos para nuestro experimento. No se puede orar por la recuperación de los enfermos a menos que el fin que se persigue sea su recuperación. Pero uno no puede tener motivo alguno para desear la recuperación de todos los pacientes de un hospital y de ninguno de los de otro. Ahí no se ora para que se alivie el sufrimiento; se ora para saber qué pasa. Hay discrepancia entre el propósito real y el propósito nominal de esas oraciones. En otras palabras, independientemente de lo que hagan tu lengua, tus dientes y tus rodillas, no estás orando. Ese experimento exige una imposibilidad.

La prueba y la refutación empíricas son, pues, inalcanzables. Pero esta conclusión parecerá menos deprimente si recordamos que la oración es una petición y la comparamos con otras muestras de lo mismo.

Hacemos peticiones a nuestros semejantes y a Dios: pedimos la sal, pedimos un aumento de sueldo, pedimos a un amigo que cuide del gato mientras estamos de vacaciones, pedimos a una mujer que se case con nosotros. Unas veces conseguimos lo que pedimos y otras veces, no. Pero, cuando lo conseguimos, demostrar con certeza científica una conexión causal entre lo que se pide y lo que se obtiene no es tan fácil como cabría suponer.

Es posible que tu vecino sea una persona compasiva que no habría dejado morir de hambre a tu gato aunque te hubieras olvidado de organizar su cuidado. Nunca es tan probable que tu jefe acceda a tu petición de aumento como cuando es consciente de que podrías tener un salario mejor en una empresa rival y, en cualquier caso, quiere asegurarse tu trabajo con un aumento. En cuanto a la dama que consiente en casarse contigo, ¿estás seguro de que no lo había decidido ya? Tu propuesta, ya sabes, podría haber sido el resultado, no la causa, de su decisión. Cierta conversación importante nunca habría tenido lugar si ella no hubiera tenido la intención de hacerlo.

Así, en cierta medida, la misma duda que se cierne sobre la eficacia causal de nuestras oraciones a Dios se cierne también sobre nuestras peticiones al hombre. Lo que consigamos lo habríamos conseguido de todos modos. Pero solo, como digo, en cierta medida.

Nuestro amigo, nuestro jefe o nuestra esposa pueden decirnos que actuaron porque se lo pedimos; y podemos conocerlos tan bien como para sentirnos seguros, primero de que están diciendo lo que creen que es verdad, y segundo de que entienden sus propios motivos lo bastante bien como para tener razón. Pero observa que cuando esto ocurre nuestra seguridad no la hemos obtenido por los métodos de la ciencia. No intentamos el experimento de control de rechazar el aumento o romper el compromiso y volver a hacer nuestra petición en nuevas condiciones. Nuestra seguridad es muy diferente a la del conocimiento científico. Nace de nuestra relación personal con las otras partes; no de saber cosas sobre ellas, sino de *conocerlas*.

Nuestra seguridad —si es que llegamos a tenerla— de que Dios siempre escucha y a veces nos concede nuestras peticiones, y de que las aparentes concesiones no son meramente fortuitas, solo puede venir de la misma manera. No se trata de contabilizar los éxitos y los fracasos e intentar decidir si los éxitos son demasiado numerosos para atribuirlos al azar. Los que mejor conocen a una persona saben si, cuando hizo lo que le pidieron, lo hizo porque se lo pidieron. Creo que los que mejor conocen a Dios sabrán mejor si me envió a la barbería porque el barbero había orado.

Porque hasta ahora hemos abordado toda la cuestión de forma equivocada y a un nivel erróneo. La sola pregunta «¿funciona la oración?» nos coloca en el estado de ánimo equivocado desde el principio.

«Funciona»: como si fuera magia o una máquina que se pone en marcha automáticamente. La oración es una mera impresión o un contacto personal entre personas embrionarias e incompletas (nosotros mismos) y la Persona absolutamente concreta. La oración en el sentido de petición, de solicitar cosas, es una pequeña parte; la confesión y el arrepentimiento son su umbral, la adoración es su santuario, la presencia, la visión y el gozo de Dios son su pan y su vino. En ella, Dios se nos muestra. Que Él conteste las oraciones es un corolario —no necesariamente el más importante— de esa revelación. Lo que hace se desprende de lo que es

No obstante, la oración de petición es algo que se nos permite y a lo que se nos insta: «El pan nuestro de cada día, dánoslo hoy». Y sin duda plantea un problema teórico. ¿Podemos creer que Dios alguna vez modifica realmente sus actos en respuesta a las sugerencias de los hombres? Porque la sabiduría infinita no necesita decir qué es lo mejor, y la bondad infinita no necesita ser impulsada a hacerlo. Pero Dios tampoco necesita ninguna de las cosas que hacen agentes finitos, ya sean vivos o inanimados. Él podría, si quisiera, reparar nuestros cuerpos milagrosamente sin comida; o darnos comida sin la ayuda de granjeros, panaderos y carniceros; o conocimiento sin la ayuda de hombres instruidos; o convertir a los paganos sin misioneros. En cambio, permite que la tierra, el clima, los animales, los músculos, la mente y la voluntad de los hombres cooperen en la ejecución de su voluntad.

«Dios —dijo Pascal— instituyó la oración para dar a sus criaturas la dignidad de la causalidad». Pero no solo en la oración; siempre que actuamos, Él nos presta esa dignidad. No es realmente extraño, ni menos extraño, que mis oraciones afecten al curso de los acontecimientos de lo que mis otras acciones lo hacen. No han influido ni cambiado la opinión de Dios, es decir, su propósito general. Pero ese propósito se cumplirá de diferentes maneras según las acciones, incluidas las oraciones, de sus criaturas.

Porque parece que no hace nada por sí mismo que pudiera delegar a sus criaturas. Él nos ordena que hagamos lenta y torpemente lo que Él podría hacer perfectamente y en un abrir y cerrar de ojos. Él nos permite descuidar lo que Él quiere que hagamos, o fracasar. Quizás no nos damos cuenta del problema, por así llamarlo, de permitir que los libres albedríos finitos coexistan con la Omnipotencia. Parece implicar en todo momento casi una especie de abdicación divina. No somos meros destinatarios o espectadores. Tenemos el privilegio de participar en el juego o nos vemos obligados a colaborar en el oficio, a «empuñar nuestros pequeños tridentes». ¿Es acaso este asombroso proceso la simple creación que sucede delante de nosotros? Así es como (y no es una cuestión menor) Dios crea —incluso dioses— de la nada. Al menos así me lo parece. Pero lo que he ofrecido puede ser, en el mejor de los casos, solo un modelo mental o un símbolo. Todo lo que digamos sobre estos temas debe ser meramente analógico y parabólico. Sin duda, nuestras facultades no pueden comprender la realidad. Pero en todo caso podemos intentar dejar las malas analogías y las malas parábolas. La oración no es una máquina. No es magia. No es un consejo que le damos a Dios. Nuestro acto, cuando oramos, no debe, más que nuestros otros actos, estar separado del acto continuo de Dios mismo, en el que operan todas las causas finitas.

Sería aún peor pensar que los que obtienen lo que piden son una especie de favoritos de la corte, personas con influencia con el trono. Como respuesta a eso baste la oración rechazada de Cristo en Getsemaní. Y no me atrevo a dejar de lado la dura frase que una vez escuché de un experimentado cristiano: «He visto muchas respuestas sorprendentes a la oración y más de una que me pareció milagrosa. Pero suelen llegar al principio: antes de la conversión, o poco después. A medida que avanza la vida cristiana, tienden a ser más escasas. Las negativas, además, no solo son más frecuentes, sino que se hacen más inequívocas, más rotundas».

¿Acaso Dios abandona entonces solo a los que más le sirven? Pues bien, Aquel que mejor sirvió a Dios dijo, cerca de su terrible muerte: «¿Por qué me has abandonado?». Cuando Dios se hace hombre, ese Hombre, entre todos los demás, es el que menos consuelo recibe de Dios, en su momento de mayor necesidad. Hay un misterio aquí que, aun si tuviera el poder de hacerlo, no tendría el valor de explorar. Mientras tanto, las personas insignificantes como tú y yo, si nuestras oraciones reciben a veces respuesta afirmativa más allá de toda esperanza y probabilidad, más vale que no saquemos conclusiones precipitadas en nuestro propio beneficio. Si fuéramos más fuertes, podríamos ser tratados con menos ternura. Si fuéramos más valientes, podríamos ser enviados, con mucha menos ayuda, a defender puestos mucho más peligrosos en la gran batalla.

ESPORAS DE HELECHO Y ELEFANTES

ESTE ARTÍCULO SURGIÓ de una conversación que mantuve con el director[1] una noche del curso pasado. Había un libro de Alec Vidler sobre la mesa y expresé mi reacción al tipo de teología que contenía. Mi reacción fue precipitada e ignorante, fruto de la libertad que se da en la sobremesa de la cena.[2] Una cosa llevó a la otra y antes de que termináramos yo estaba diciendo mucho más de lo que quisiera sobre el tipo de pensamiento que, por lo que pude averiguar, es el que domina ahora en muchas facultades de Teología. Entonces dijo: «Me gustaría que viniera a contarle todo esto a mis jóvenes». Él sabía, por supuesto, que yo era un absoluto ignorante sobre el asunto. Pero creo que su idea era que hay que saber cómo impacta un determinado tipo de teología a los no iniciados. Aunque no tenga para exponerles nada más que malentendidos, deberían conocer la existencia de esos malentendidos. Este tipo de cosas son fáciles de pasar por alto dentro del círculo personal. Las mentes con las que uno se encuentra a diario están condicionadas por los mismos

1. El director de Westcott House, Cambridge, y posteriormente obispo de Edimburgo, el difunto reverendo Kenneth Carey.
2. Mientras el obispo estaba fuera de la sala, Lewis leyó «La señal de Caná» en los *Windsor Sermons* de Alec Vidler (SCM Press, 1958). El obispo recordó que cuando le preguntó qué pensaba al respecto, Lewis «se expresó muy libremente sobre el sermón y dijo que le parecía increíble que tuviéramos que esperar casi 2000 años para que un teólogo llamado Vidler nos dijera que lo que la iglesia siempre ha considerado un milagro era, en realidad, una parábola».

estudios y opiniones predominantes que las propias. Eso puede inducir a error. Porque, por supuesto, como sacerdotes, es con los de fuera con los que tendrán que lidiar. Al fin y al cabo, ustedes existen solo para ese propósito. El estudio adecuado para los pastores son las ovejas, no (salvo por accidente) otros pastores. Y ay de ustedes si no evangelizan. No pretendo enseñarle nada a mi abuela. Soy una oveja que les dice a los pastores lo que solo una oveja puede decirles. Y ahora empiezo a balar.

Hay dos tipos de no iniciados en teología: los incultos y los que tienen algún tipo de educación, pero no como la de ustedes. No sé cómo tratarán con los primeros, si sostienen puntos de vista como los de Loisy, Schweitzer, Bultmann, Tillich o incluso Alec Vidler. Yo veo —y me dicen que ustedes también— que difícilmente podrían decirles lo que realmente creen. Una teología que niega la historicidad de casi todo lo que aparece en los Evangelios, cosas a las que se han aferrado durante casi dos milenios la vida, los afectos y el pensamiento cristianos; una teología que, o bien niega por completo lo milagroso o, lo que es más extraño, después de tragarse el camello de la Resurrección, se aferra a mosquitos como el de la alimentación de las multitudes, es una teología que si se le ofrece al hombre inculto solo puede producir uno de estos dos efectos. Lo convertirá en un católico romano o en un ateo. No reconocerá como cristianismo lo que le presentan. Si se aferra a lo que él llama cristianismo, dejará una Iglesia en la que ya no se enseña este y buscará una en la que sí. Si está de acuerdo con su versión, ya no se llamará cristiano ni vendrá a la iglesia. A su manera tosca y grosera, los respetaría mucho más si ustedes hicieran lo mismo. Un clérigo experimentado me dijo que la mayoría de los sacerdotes liberales, al enfrentarse a este problema, han recordado desde su tumba la concepción tardomedieval de dos verdades: una verdad gráfica que se le pueda predicar al pueblo y una verdad esotérica para uso entre el clero. No creo que les guste mucho esta concepción cuando tengan que ponerla en práctica. Estoy seguro de que si tuviera que presentarle verdades gráficas a un feligrés en gran angustia o bajo una feroz tentación, y hacerlo con la seriedad y el fervor que su situación exigía, consciente de todo el tiempo que yo mismo no las creí exactamente —solo en algún sentido pickwickiano—, se me enrojecería y humedecería la frente y me apretaría el cuello de la camisa. Pero ese quebradero de cabeza es para ustedes, no para mí. Al fin y al cabo, ustedes visten otra clase de cuello. Yo digo que pertenezco al segundo grupo de no iniciados: con formación, pero no teológica. Lo que tengo que intentar contar ahora es cómo se siente un miembro de ese grupo.

El debilitamiento de la antigua ortodoxia ha sido principalmente obra de teólogos dedicados a la crítica del Nuevo Testamento. La autoridad de los expertos en esa materia es la autoridad que nos pide que renunciemos a un enorme cuerpo de creencias compartidas por la iglesia primitiva, los padres de la iglesia, la Edad Media, los reformadores e incluso el siglo XIX. Quiero explicar qué es lo que me hace ser escéptico con respecto a esta autoridad. Ignorantemente escéptico, como verán en seguida. Pero el escepticismo es el padre de la ignorancia. Es difícil perseverar en un estudio minucioso cuando no se tiene una confianza *prima facie* en los profesores.

En primer lugar, sean lo que sean estos hombres en tanto que críticos bíblicos, desconfío de ellos como críticos. Me parece que carecen de criterio literario, que son incapaces de percibir la calidad de los textos que leen. Parece una acusación extraña para hombres que se han empapado de esos libros toda su vida. Pero ese podría ser el problema. Alguien que ha pasado su juventud y su madurez en el estudio pormenorizado de los textos del Nuevo Testamento y de los estudios de otras personas sobre ellos, cuya experiencia literaria de esos textos carece de una norma de comparación como la que solo puede surgir de una experiencia amplia, profunda y cordial de la literatura en general, es muy probable, en mi opinión, que no vea las cosas obvias sobre ellos. Si me dice que cierta parte de un Evangelio es leyenda o novela, quiero saber cuántas leyendas y novelas ha leído, hasta qué punto está capacitado su paladar para detectarlas por el sabor; y no cuántos años ha dedicado a ese Evangelio. Pero será mejor que pase a los ejemplos.

Leo en un comentario muy antiguo que el cuarto Evangelio cierta escuela lo considera un «romance espiritual», «un poema, no una historia», que hay que juzgarlo por los mismos cánones que la parábola de Natán, el Libro de Jonás, *el Paraíso perdido* «o, para ser más exactos, *El progreso del peregrino*».[3] Después de que haya dicho eso, ¿por qué prestar atención a cualquier otra cosa que diga sobre cualquier otro libro? Obsérvese que considera *El progreso del peregrino*, un relato que se presenta como un sueño y hace alarde de su naturaleza alegórica con cada uno de los nombres propios que utiliza, como el paralelismo más cercano. Obsérvese que toda la panoplia épica de Milton no sirve para nada. Pero incluso si dejamos de lado los absurdos más groseros y nos quedamos con *Jonás*, la desconsideración es burda: *Jonás*, un relato con tan pocos apegos históricos como *Job*, grotesco en sus incidentes y seguramente no exento de una vena distinta, aunque por supuesto edificante, de humor típicamente judío. Volvamos, pues, a Juan. Leamos los diálogos: el de la samaritana en el pozo, o el que sigue a la curación del ciego de nacimiento. Miremos sus descripciones: Jesús (si se me permite la palabra) garabateando con el dedo en tierra; o el inolvidable ηv δὲ νύξ (13:30). Llevo toda la vida leyendo poemas, romances, literatura visionaria, leyendas y mitos. Sé cómo son. Sé que ninguno de ellos es así. Para este texto solo hay dos perspectivas posibles. O bien se trata de un reportaje —aunque sin duda puede contener errores— bastante cercano a los hechos; casi tanto como Boswell. O bien algún escritor desconocido del siglo II, sin predecesores ni sucesores conocidos, se anticipó de repente a toda la técnica de la narrativa novelística y realista moderna. Si es falsa, tiene que ser una narración

3. Lewis está citando un artículo, «The Gospel According to St John», de Walter Lock en *A New Commentary on Holy Scripture, including the Apocrypha*, ed. por Charles Gore, Henry Leighton Goudge, Alfred Guillaume (SPCK, 1928), p. 241. Lock, a su vez, cita la obra de James Drummond *An Inquiry into the Character and Authorship of the Fourth* Gospel (Williams and Norgate, 1903).

de ese tipo. El lector que no vea esto es que no ha aprendido a leer. Le recomendaría que leyera a Auerbach.[4]

Aquí, de la *Teología del Nuevo Testamento* de Bultmann (p. 30) es otra: «Obsérvese de qué manera tan mal integrada la predicción de *la parusía* (Mr 8:38) sigue a la predicción de la pasión (8:31)».[5] ¿Qué puede querer decir? ¿Mal integrada? Bultmann cree que las predicciones de la *parusía* son más antiguas que las de la pasión. Por lo tanto, quiere creer —y sin duda lo hace— que cuando se dan en el mismo pasaje debe apreciarse alguna discrepancia o «mala integración» entre ellos. Pero desde luego se lo endosa al texto con una escandalosa falta de percepción. Pedro ha confesado que Jesús es el Ungido. Apenas ha terminado ese destello y ya comienza la oscura profecía: que el Hijo del Hombre debe sufrir y morir. Luego se repite este contraste. Pedro, crecido por un momento por su confesión, da un paso en falso; le sigue el aplastante rechazo: «Apártate de mí». Entonces, partiendo de esa ruina momentánea en que (como tantas veces) se convierte Pedro, la voz del Maestro se dirige a la multitud y generaliza la moraleja. Todos sus seguidores deben tomar la cruz. Este querer evitar el sufrimiento, esta autopreservación, no es en lo que realmente consiste la vida. Luego, de manera aún más definitiva, nos convoca al martirio. Uno tiene que resistir ante lo que se le viene. Si niegas a Cristo aquí y ahora, Él te rechazará después. Lógica, emocional e imaginativamente, la secuencia es perfecta. Solo un Bultmann podría pensar lo contrario.

Por último, del mismo Bultmann: «La personalidad de Jesús no tiene importancia para el kerigma ni de Pablo ni de Juan [...]. De hecho, la tradición de la iglesia más antigua ni siquiera conservó

4. Creo que Lewis se refiere a la obra de Erich Auerbach *Mímesis: The Representation of Reality in Western Literature,* traducción inglesa de Willard R. Trask (Princeton, 1953).

5. Rudolf Bultmann, *Teología del Nuevo Testamento,* traducción inglesa de Kendrick Grobel, vol. I (SCM Press, 1952), p. 30.

inconscientemente una imagen de su personalidad. Todo intento de reconstruir una sigue siendo un juego de imaginación subjetiva».[6]

Así que en el Nuevo Testamento no se presenta ninguna personalidad en nuestro Señor. ¿Qué extraño proceso ha seguido este erudito alemán para hacerse el ciego ante lo que todos los hombres, excepto él, ven? ¿Qué pruebas tenemos de que reconocería lo que es una personalidad si la tuviera delante? Porque es Bultmann *contra mundum*. Si hay algo que tienen en común todos los creyentes, e incluso muchos incrédulos, es la sensación de que en los Evangelios se han encontrado con una personalidad. Hay personajes que sabemos que son históricos, pero que no nos producen la sensación de tener un conocimiento personal, un conocimiento por familiaridad; como Alejandro, Atila o Guillermo de Orange. Hay otros que no poseen ninguna pretensión de realidad histórica, y, sin embargo, los conocemos como personas reales: Falstaff, el tío Toby, el señor Pickwick. Pero solo hay tres personajes que afirman tener el primer tipo de realidad y además poseen el segundo. Seguramente todo el mundo sabe quiénes son: el Sócrates de Platón, el Jesús de los Evangelios y el Johnson de Boswell. Nuestro conocimiento de ellos se manifiesta de una docena de maneras. Cuando examinamos los evangelios apócrifos, nos encontramos con que estamos siempre diciendo de este o aquel *logion*: «No. No era así como Él hablaba»: justo lo mismo que hacemos con toda la literatura pseudojohnsoniana. No nos perturban lo más mínimo los contrastes internos de cada personaje: la conjunción en Sócrates de tontas y escabrosas bromas sobre la pederastia griega y el más alto fervor místico, así como el más sencillo sentido común; en Johnson, la combinación de su profunda gravedad y melancolía con ese amor por la diversión y las sandeces que Boswell nunca entendió aunque Fanny Burney sí; en Jesús, la conjunción de su perspicacia campesina, su severidad implacable y su ternura irresistible. Tan fuerte es el sabor de su personalidad que, aun cuando dice cosas que, en cualquier otro supuesto que

6. *Op. cit.*, p. 35.

no fuera el de la encarnación divina en el sentido más pleno, serían terriblemente arrogantes, aun entonces nosotros —y también muchos incrédulos— lo aceptamos cuando dice de sí mismo: «Soy manso y humilde de corazón». Incluso aquellos pasajes del Nuevo Testamento que exteriormente, y en la intención, se ocupan más de lo divino y menos de la naturaleza humana, nos colocan cara a cara ante la personalidad. No sé bien si estos pasajes lo hacen más que otros. «Y vimos su gloria, gloria como del unigénito del Padre, lleno de gracia y de verdad» «que hemos contemplado, y palparon nuestras manos». ¿Qué se gana cuando se quiere eludir o disipar esta estremecedora inmediatez del contacto personal hablando de «ese significado que la iglesia primitiva se vio impulsada a atribuirle al Maestro»? Esto nos sienta como una bofetada. No se trata de qué fueron impulsados a hacer, sino de qué los impulsó. Empiezo a temer que el doctor Bultmann entiende por *personalidad* lo que yo más bien llamaría impersonalidad: aquello que encontraríamos en un artículo del *Dictionary of National Biography*, en una necrológica o en una obra victoriana de *Vida y cartas de Yeshua Bar-Yosef* en tres volúmenes ilustrados con fotografías.

Este es mi primer balido. Estos señores me piden que crea que pueden leer entre líneas en los textos antiguos; la prueba es su evidente incapacidad para leer (en cualquier sentido digno de debate) las líneas en sí. Afirman que ven las esporas de helecho y no pueden ver un elefante a diez metros a plena luz del día.

Ahora, mi segundo balido. Toda la teología de corte liberal implica en algún momento —y a menudo en todo momento— la afirmación de que el verdadero comportamiento, propósito y enseñanza de Cristo llegó muy pronto a ser malinterpretado y tergiversado por sus seguidores, y que solo los eruditos modernos lo han recuperado o exhumado. Ahora bien, mucho antes de interesarme por la teología, yo ya había conocido este tipo de teoría en otros lugares. Cuando yo leía a los grandes, la tradición de Jowett seguía dominando el estudio de la filosofía antigua. Uno fue educado en la creencia de que el verdadero significado de Platón había sido malinterpretado por Aristóteles y salvajemente travestido por los neoplatónicos, solo para que lo recuperaran los modernos. Cuando se recuperó, resultó (muy afortunadamente) que en realidad Platón había sido todo el tiempo un hegeliano inglés, más bien al estilo de T. H. Green. Lo he encontrado por tercera vez en mis propios estudios profesionales; cada semana un estudiante aventajado, cada trimestre un aburrido catedrático estadounidense, descubre por primera vez el verdadero significado de alguna obra shakesperiana. Pero en este tercer caso soy un privilegiado. La revolución en el pensamiento y el sentimiento que se ha producido en mis años de vida es tan grande que pertenezco, mentalmente, al mundo de Shakespeare mucho más que al de estos recientes intérpretes. Yo veo —siento en mis entrañas, sé más allá de toda discusión— que la mayoría de sus interpretaciones son simplemente imposibles; implican una forma de ver las cosas que no se conocía en 1914, y mucho menos en el período del rey Jacobo. Este diario confirma mi sospecha de que se aplica el mismo enfoque a Platón o al Nuevo Testamento. La idea de que un hombre o un escritor sea opaco para quienes vivieron en su misma cultura, hablaron su lengua, compartieron su misma imaginería habitual y sus mismos supuestos inconscientes, y sin embargo sea transparente para quienes no tienen ninguna de esas ventajas, es en mi opinión absurda. En ella hay una improbabilidad *a priori* que casi ningún argumento ni prueba podrían contrarrestar.

En tercer lugar, veo que estos teólogos se basan constantemente en el principio de que lo milagroso no sucede. Así, cualquier afirmación que los textos antiguos ponen en boca de nuestro Señor, que, si realmente la hubiera dicho, constituiría una predicción de futuro, se considera atribuida a Jesús después del suceso que parecía predecir. Esto es muy sensato si partimos de la base de que no es posible que se produzca una predicción inspirada. Del mismo modo, en general, es sensato rechazar por antihistóricos todos los pasajes que narran milagros si partimos de la base de que lo milagroso en general nunca sucede. Ahora bien, no quiero discutir aquí si es posible lo milagroso. Solo quiero señalar que se trata de una cuestión puramente filosófica. Los eruditos, en tanto que eruditos, hablan de ello sin más autoridad que cualquier otra persona. Para el estudio de los textos traen la regla «Si es milagroso, no es histórico», y no una regla que sea fruto del estudio. Si se habla de autoridad, toda la autoridad de todos los críticos bíblicos del mundo juntos no cuenta aquí para nada. Sobre esto hablan simplemente como hombres; hombres obviamente influenciados por el espíritu de la época en la que crecieron, y quizás demasiado poco críticos con él.

Pero aún falta mi cuarto balido, que también es el más fuerte y largo.

Todo este tipo de crítica intenta reconstruir la génesis de los textos que estudia; qué documentos desaparecidos utilizó cada autor, cuándo y dónde escribió, con qué propósitos, bajo qué influencias: el *Sitz im Leben* del texto. Lo hace con inmensa erudición y gran ingenio. Y a primera vista es muy convincente. Creo que yo mismo debería estar convencido de ello, pero llevo encima un amuleto —la hierba *moly*— para evitarlo. Discúlpenme si ahora hablo un rato de mí mismo. El valor de lo que digo depende de que sea una prueba de primera mano.

Lo que me hace estar en contra de todas estas reconstrucciones es que lo he visto todo desde el otro extremo. He visto a los críticos reconstruir la génesis de mis libros de esta manera.

Antes de llegar a ver las reseñas de su propia obra, uno jamás creería cuán poco se ocupa una reseña ordinaria de la crítica en sentido estricto: de la evaluación, el elogio o la censura, del libro en sí. La mayor parte consiste en historias imaginarias sobre el proceso por el que uno lo escribió. Los propios términos que utilizan los críticos para elogiar o descalificar suelen insinuar esto. Elogian un pasaje como «espontáneo» y censuran otro como «laborioso»; es decir, creen saber que uno escribió en un caso *currente calamo* y en otro, *invita Minerva*.

El valor de estas reconstrucciones lo aprendí en una etapa temprana de mi carrera. Había publicado un libro de ensayos; y la parte en la que había puesto más corazón, la que realmente me importaba y en la que invertí un gran entusiasmo, trataba sobre William Morris.[7] Casi en la primera reseña leí que era evidente que este era el único ensayo del libro por el que no había sentido ningún interés. No se equivoquen. Ahora creo que el crítico tenía mucha razón al pensar que era el peor ensayo del libro; al menos todo el mundo estaba de acuerdo con él. En lo que se equivocó plenamente fue en su historia imaginaria de las causas que produjeron esa carencia en el ensayo.

Esto me hizo aguzar el oído. Desde entonces he observado con cierta atención historias imaginarias similares tanto sobre mis libros como sobre los de amigos cuya historia real yo conocía. Los críticos, tanto los amistosos como los hostiles, nos presentarán esas historias plenamente convencidos; nos dirán qué acontecimientos públicos dirigieron la mente del autor hacia esto o aquello, qué otros autores influyeron en él, cuál era su intención general, a qué tipo de público se dirigía principalmente, por qué —y cuándo— lo hizo todo.

Ahora bien, debo dejar constancia primero de mi impresión; luego, a partir de ella, de lo que puedo afirmar con seguridad. Mi impresión es que en toda mi experiencia ninguna de estas conjeturas ha sido correcta en ningún punto; que el método muestra un récord de fracaso del cien por ciento. Cabe esperar que por mera casualidad acierten tan a menudo como fallen. Pero tengo la impresión de que no es así. No puedo recordar ni un solo acierto. Pero, como no he llevado un registro cuidadoso, mi impresión puede ser errónea. Lo que creo que puedo afirmar con seguridad es que suelen estar equivocados.

Sin embargo, a menudo —si uno no conocía la verdad— sonaban muy convincentes. Muchos críticos dijeron que el anillo de *El señor de los anillos* de Tolkien estaba influenciado por la bomba atómica.

7. El ensayo de Lewis sobre «William Morris» aparece en *Selected Literary Essays*, ed. Walter Hooper (Cambridge, 1969).

¿Qué podría ser más plausible? Estamos ante un libro publicado cuando todo el mundo estaba preocupado por ese siniestro invento; en el centro del libro, tenemos un arma de la que parece una locura desprenderse, pero cuyo uso sería letal. Sin embargo, la cronología de la composición del libro hace imposible esta teoría. La otra semana un crítico dijo que un cuento de mi amigo Roger Lancelyn Green estaba influenciado por cuentos míos. Nada podría ser más probable. Yo tengo un país imaginario con un león benigno: Green tiene uno con un tigre bueno. Se puede demostrar que Green y yo nos leemos mutuamente; que, de hecho, tenemos una estrecha relación en varios aspectos. Los argumentos a favor de una derivación son mucho más fuertes que muchos argumentos que nos parecen concluyentes cuando se trata de autores muertos. No obstante, es todo falso. Conozco la génesis de ese Tigre y ese León y tienen poco en común.[8]

Esto debería hacernos reflexionar. La reconstrucción de la historia de un texto, cuando este es antiguo, suena muy convincente. Pero, al fin y al cabo, actuamos a ojo de buen cubero; los resultados no se pueden comprobar con los hechos. Para decidir el grado de fiabilidad del método, ¿qué más se puede pedir que ver un caso en el que ese método funcione y tengamos hechos para comprobarlo? Pues bien, eso es lo que he hecho. Y vemos que, cuando se dispone de esta comprobación, los resultados son siempre, o casi siempre, erróneos. Podemos concluir que los «resultados seguros de la erudición moderna», en cuanto a la forma en que se escribió

8. Lewis corrigió este error en la siguiente carta, «Books for Children», en *The Times Literary Supplement* (28 noviembre 1958), p. 689: «Señor, una reseña de *Land of the Lord High Tiger* de R. L. Green en su número del 21 de noviembre hablaba de mí (de pasada) con tanta amabilidad que me resisto a poner reparos a cualquier cosa que contenga: pero en justicia al señor Green debo hacerlo. El crítico sugirió que el Tigre del señor Green le debía algo a mis cuentos fantásticos. En realidad, esto no es así y es cronológicamente imposible. El Tigre era un viejo habitante, y su tierra un lugar familiar, de la imaginación del señor Green mucho antes de que yo empezara a escribir. Esto tiene moraleja para todos nosotros como críticos. Me pregunto cuánta *Quellenforschung* de nuestros estudios de literatura antigua parece sólida tan solo porque los que conocían los hechos están muertos y no pueden contradecirla».

un libro antiguo, son «seguros» solo porque quienes conocían los hechos están muertos y no pueden contar la verdad. Los enormes ensayos en mi propio campo que reconstruyen la historia de *Piers Plowman* o *The Faerie Queene* es muy poco probable que sean algo más que puras ilusiones.[9] ¿Me estoy atreviendo a comparar a todos los fustigadores que escriben una reseña en una revista actual con estos grandes eruditos que han dedicado toda su vida al estudio minucioso del Nuevo Testamento? Si los primeros se equivocan siempre, ¿se deduce de ello que los segundos no deben ir mejor?

Hay dos respuestas para esto. En primer lugar, si bien respeto la erudición de los grandes críticos bíblicos, aún no estoy convencido de que haya que respetar igualmente su juicio. Pero, en segundo lugar, consideren con qué ventajas abrumadoras comienzan los autores de reseñas. Reconstruyen la historia de un libro escrito por alguien cuya lengua materna es la misma que la suya; un contemporáneo, educado como ellos, que vive en un ambiente mental y espiritual semejante. Lo tienen todo a su favor. La superioridad de juicio y la diligencia que se atribuyan a los críticos bíblicos tendrán que ser casi sobrehumanas si quieren compensar la realidad de que en todas partes se enfrentan a costumbres, lenguaje, rasgos étnicos, características de clase, trasfondo religioso, hábitos de composición y supuestos básicos que ninguna erudición permitirá a nadie conocer con tanta seguridad, intimidad e instinto como el crítico puede conocer la mía. Y por la misma razón, recuerden, nunca se podrá demostrar que los críticos bíblicos, sean cuales sean las reconstrucciones que ideen, están equivocados. San Marcos está muerto. Cuando se reúnan con san Pedro habrá asuntos más urgentes que tratar.

Se puede decir, por supuesto, que los autores de tales reseñas son unos insensatos por tratar de establecer cómo otra persona escribió

9. Para un tratamiento más completo de la crítica de libros, véase el ensayo de Lewis «Sobre la crítica» en su obra *De otros mundos* (Nashville: Grupo Nelson, 2022), pp. 69-93.

una clase de libro que ellos nunca escribieron. Suponen que uno ha escrito una historia como ellos intentarían escribirla; ese intento ya explica por qué no han producido ninguna historia. Pero ¿son los críticos bíblicos mucho mejores en este aspecto? El doctor Bultmann no ha escrito ningún Evangelio. La experiencia de su vida erudita, especializada y sin duda meritoria ¿le ha conferido algún poder para ver en las mentes de aquellos hombres, fallecidos hace siglos, que estuvieron inmersos en lo que, desde cualquier punto de vista, debe considerarse la experiencia religiosa capital de toda la raza humana? No pecamos de incivismo si decimos —él mismo lo admitiría— que lo separan de los evangelistas barreras de todas clases mucho más formidables —en lo espiritual y en lo intelectual— que las que puedan existir entre los que reseñan mis obras y yo.

Mi imagen de la reacción de un laico —y creo que no es una imagen rara— quedaría incompleta sin algún relato de las esperanzas que atesora en secreto y de las ingenuas reflexiones con las que a veces mantiene el ánimo.

Debe afrontar que no espera que la actual escuela de pensamiento teológico sea eterna. Piensa, tal vez de forma ilusoria, que puede esfumarse todo. En otros campos de estudio he aprendido lo provisionales que pueden ser los «resultados seguros de la erudición moderna», lo pronto que la erudición deja de ser moderna. La seguridad en las conclusiones cuando se trata del estudio del Nuevo Testamento ya no se da en el estudio de los textos profanos. Había estudiosos ingleses dispuestos a repartir la autoría de *Enrique VI* entre media docena de autores. Ahora no hacemos esas cosas. Cuando yo era niño, se habrían reído de mí por suponer que hubo un Homero real: los desintegradores parecían haber triunfado para siempre. Pero Homero parece estar regresando. Incluso la creencia de los antiguos griegos de que los micénicos eran sus antepasados y hablaban griego ha obtenido un sorprendente respaldo. Podemos, sin caer en la ignominia, creer en un Arturo histórico. En todas partes, excepto en la teología, se ha producido un vigoroso crecimiento del escepticismo con respecto al propio escepticismo. No podemos evitar murmurar *multa renascentur quae jam cecidere.*[10]

Un hombre de mi edad tampoco puede olvidar cómo cayó de forma repentina y total la filosofía idealista de su juventud. McTaggart, Green, Bosanquet, Bradley parecían entronizados para siempre; cayeron tan de pronto como la Bastilla. Lo interesante es que mientras viví bajo esa dinastía sentí varios problemas y objeciones que nunca me atreví a expresar. Eran tan terriblemente evidentes que me pareció que debían ser meros malentendidos: los grandes hombres no podían haber cometido errores tan elementales como los que implicaban mis objeciones. Pero algunas de las críticas que finalmente prevalecieron fueron objeciones muy similares, aunque planteadas de forma mucho más convincente de como yo podría haberlo hecho. Ahora serían respuestas rutinarias al hegelianismo inglés. Si alguno de los presentes esta noche ha sentido las mismas tímidas y titubeantes dudas sobre los grandes críticos bíblicos, quizá no tenga por qué sentirse tan seguro de que son disparates suyos. Pueden tener un futuro con el que apenas sueña.

También recibimos cierto consuelo de nuestros colegas matemáticos. Cuando un crítico reconstruye la génesis de un texto suele tener que recurrir a lo que podríamos llamar hipótesis vinculadas. Así, Bultmann dice que la confesión de Pedro es «un relato pascual proyectado en retrospectiva al tiempo de vida de Jesús» (p. 26, *op. cit.*). La primera hipótesis es que Pedro no pronunció tal confesión. Entonces, admitido eso, hay una segunda hipótesis sobre cómo pudo surgir la falsa historia de que lo había dicho. Supongamos ahora —lo que estoy lejos de admitir— que la primera hipótesis tiene una probabilidad del 90 %. Supongamos que la segunda hipótesis también tiene una probabilidad del 90 %. Pero las dos juntas siguen sin alcanzar el 90 %, ya que la segunda solo entra en el supuesto de la primera. No tenemos A más B; tenemos un conjunto AB. Y los matemáticos me dicen que AB solo tiene una probabilidad del 81 %.

10. «Muchas [palabras] que ahora están en desuso revivirán». [*Nota del t.*].

No soy lo suficientemente bueno en aritmética como para calcularlo, pero vemos que si, en una reconstrucción de conjunto, seguimos superponiendo hipótesis sobre hipótesis, al final obtendremos un conjunto en el que, aunque cada hipótesis por sí sola tiene en cierto sentido una alta probabilidad, el conjunto no tiene casi ninguna.

Sin embargo, no hay que pintar el panorama demasiado negro. No somos fundamentalistas. Creemos que los diferentes elementos de este tipo de teología tienen diferentes grados de fortaleza. Cuanto más se acerque a la mera crítica textual, al modo antiguo, el de Lachmann, más dispuestos estaremos a creer en ella. Y, por supuesto, estamos de acuerdo en que los pasajes que son casi verbalmente idénticos no pueden ser independientes. Conforme nos alejamos de esto y pasamos a reconstrucciones más sutiles y ambiciosas, nuestra fe en el método se tambalea; y, proporcionalmente, se ratifica nuestra fe en el cristianismo. El tipo de afirmación que despierta nuestro más intenso escepticismo es el que dice que cierta parte de un Evangelio no puede ser histórica porque muestra una teología o una eclesiología demasiado desarrolladas para una fecha tan temprana. Esto implica que sabemos, en primer lugar, que hubo alguna evolución en ese aspecto y, en segundo lugar, con qué rapidez se produjo. Implica incluso una extraordinaria homogeneidad y continuidad en la evolución o desarrollo: niega de forma tácita que alguien haya podido anticiparse notablemente a los demás. Esto parece implicar que conoce cosas de una serie de personas que llevan siglos fallecidas —pues los primeros cristianos eran, al fin y al cabo, personas—, cosas de las que creo que pocos de nosotros habríamos podido dar cuenta exacta si hubiéramos vivido entre ellos; todo el ir y venir de la discusión, la predicación y la experiencia religiosa individual. Yo no podría hablar con una confianza similar ni sobre el círculo en que he vivido. No podría describir ni siquiera la historia de mi propio pensamiento con tanta seguridad como estos hombres describen la historia del pensamiento de la iglesia primitiva. Y estoy totalmente seguro de que nadie más podría hacerlo. Supongamos que un futuro erudito supiera que abandoné el cristianismo en mi adolescencia y que, también en mi adolescencia, tuve un tutor ateo. ¿No parece esto una prueba mucho mejor que la mayor parte de lo que tenemos sobre la evolución de la teología cristiana en los dos primeros siglos? ¿No concluiría que mi apostasía se debía al tutor? ¿No rechazaría luego como «proyección retrospectiva» cualquier historia que me represente como ateo antes de estar con ese tutor? Sin embargo, se equivocaría. Lamento haberme puesto autobiográfico otra vez. Pero la reflexión sobre la extrema improbabilidad de su propia vida —según los estándares históricos— me parece un ejercicio provechoso para todos. Fomenta un agnosticismo conveniente.

Porque es agnosticismo, en cierto sentido, lo que estoy predicando. No deseo que mengüe el elemento escéptico en sus mentes. Solo sugiero que no tiene por qué reservarse exclusivamente para el Nuevo Testamento y los credos. Prueben a dudar de otra cosa.

Tal escepticismo podría, creo, comenzar con el pensamiento que subyace bajo toda la demitología de nuestro tiempo. Lo expresó hace tiempo Tyrrell. A medida que progresa, el ser humano se rebela contra «las expresiones anteriores e inadecuadas de la idea religiosa [...]. Tomadas literalmente, y no simbólicamente, no satisfacen su necesidad. Y mientras el hombre exija poder imaginarse con claridad los términos y la satisfacción de esa necesidad, estará condenado a dudar, porque sus imágenes estarán sacadas necesariamente del mundo de su experiencia presente.[11]

En cierto modo, por supuesto, Tyrrell no decía nada nuevo. La Teología Negativa del Pseudo-Dionisio había afirmado lo mismo, pero no llegó a las mismas conclusiones que Tyrrell. Tal vez sea porque la tradición más antigua consideraba que nuestras concepciones eran inadecuadas para Dios, mientras que Tyrrell las considera inadecuadas para «la idea religiosa». No dice quién es el sujeto de esa idea. Pero me temo que quiere decir que es el hombre. Nosotros,

11. George Tyrrell, «The Apocalyptic Vision of Christ» en *Christianity at the Cross-Roads* (Longmans, Green & Co., 1909), p. 125.

como seres humanos, sabemos lo que pensamos: y encontramos que las doctrinas de la Resurrección, la Ascensión y la Segunda Venida son inadecuadas a nuestros pensamientos. Pero, si suponemos que estas cosas fueron las expresiones del pensamiento de Dios, podría seguir siendo cierto que «tomadas literalmente y no simbólicamente» son inadecuadas. De lo que se deduce que deben ser tomadas simbólicamente, no literalmente; es decir, simbólicamente en su totalidad. Todos los detalles son igualmente simbólicos y analógicos.

Pero, sin duda, aquí hay un fallo. El argumento es el siguiente. Todos los detalles se derivan de nuestra experiencia actual, pero la realidad trasciende nuestra experiencia; por lo tanto, todos los detalles son total e igualmente simbólicos. Pero supongamos que un perro intentara formarse una idea de la vida humana. Todos los detalles de su imagen se derivan de la experiencia canina. Por lo tanto, todo lo que el perro imaginó solo podría ser, en el mejor de los casos, analógicamente verdadero para la vida humana. La conclusión es falsa. Si el perro visualizara nuestras investigaciones científicas en términos de contarlas, esto sería analógico; pero si pensara que decir que los seres humanos comen solo puede tener un sentido analógico, el perro estaría equivocado. De hecho, si un perro pudiera, *per impossibile*, sumergirse durante un día en la vida humana, apenas se sorprendería más por las diferencias hasta entonces inimaginables que por las similitudes hasta entonces insospechadas. Un perro reverente se escandalizaría. Un perro modernista, desconfiando de toda esa experiencia, pediría que lo llevaran al veterinario.

Pero el perro no puede entrar en la vida humana. En consecuencia, aunque puede estar seguro de que sus mejores ideas sobre la vida humana están llenas de analogías y símbolos, nunca podría señalar un detalle y decir: «Esto es totalmente simbólico». No se puede saber que en la representación de una cosa todo es simbólico a menos que se tenga acceso independiente a la cosa y se pueda comparar con la representación. El doctor Tyrrell puede decir que el relato de la Ascensión es inadecuado para su idea religiosa porque conoce su propia idea y puede compararla con el relato. Pero ¿y si nos preguntamos por una realidad trascendente y objetiva a la que solo podemos acceder por el relato? «No sabemos, oh, no sabemos». Entonces debemos tomarnos en serio nuestra ignorancia.

Por supuesto, si «tomado literalmente y no simbólicamente» significa «tomado en términos de mera física», entonces este relato ni siquiera es un relato religioso. El alejarse del suelo terrestre —que es lo que significa físicamente la Ascensión— no sería en sí mismo un acontecimiento de importancia espiritual. Por lo tanto, se argumenta, la realidad espiritual no puede tener más que una conexión analógica con el relato de una ascensión. Pues la unión de Dios con Dios y del Hombre con Dios-hombre no puede tener nada que ver con el espacio. ¿Quién ha dicho eso? Lo que realmente quieren decir es que no podemos ver cómo podría tener algo que ver. Esa es una proposición muy diferente. Cuando conozca como soy conocido podré decir qué partes del relato eran puramente simbólicas y cuáles, si se diera el caso, no lo eran; veré cómo la realidad trascendente excluye y repele la localización, o cómo, de una forma inimaginable, la asimila y la carga de significado. ¿No sería mejor esperar?

Estas son las reacciones de un laico que bala ante la Teología Moderna. Está bien que las escuchen. Tal vez no vuelvan a oírlas muy a menudo. Sus feligreses no suelen hablarles con franqueza. Antes el laico se afanaba por ocultar que creía mucho menos que el vicario; ahora tiende a ocultar que cree mucho más. Ser misionero para los sacerdotes de tu propia Iglesia es un papel embarazoso; aunque tengo la horrible sensación de que si no se emprende pronto esa labor misionera, es muy posible que la historia futura de la Iglesia de Inglaterra sea breve.

ACERCA DEL AUTOR

Clive Staples Lewis (1898–1963) fue uno de los intelectuales más importantes del siglo veinte y podría decirse que fue el escritor cristiano más influyente de su tiempo.

Fue profesor particular de literatura inglesa y miembro de la junta de gobierno en la Universidad de Oxford hasta 1954, cuando fue nombrado profesor de literatura medieval y renacentista en la Universidad de Cambridge, cargo que desempeñó hasta que se jubiló. Sus contribuciones a la crítica literaria, literatura infantil, literatura fantástica y teología popular le trajeron fama y aclamación a nivel internacional.

C. S. Lewis escribió más de treinta libros, lo cual le permitió alcanzar una enorme audiencia, y sus obras aún atraen a miles de nuevos lectores cada año. Sus más distinguidas y populares obras incluyen *Las crónicas de Narnia*, *Los cuatro amores*, *Cartas del diablo a su sobrino* y *Mero cristianismo*.

DESCUBRE MÁS OBRAS DE

C. S. Lewis

EN **librosdecslewis.com**

@CSLewisOficial @cslewisespanol

@cslewisoficial @cslewisespanol